Espaces littéraires

Le Québec en couleur

Anthologie de nouvelles québécoises

Jean Muzi, Andrée-Paule Mignot, Monique Proulx

Espaces littéraires | Le Québec en couleur
Anthologie de nouvelles québécoises
Jean Muzi, Andrée-Paule Mignot, Monique Proulx

Herausgeber: Otto-Michael Blume
Bearbeitung: Jane Schunke
Redaktion: Julia Goltz (Projektleitung), Agnès Roubille, München
Bildassistenz: Sabrina Battaglini, Nadja Hantschel
Umschlaggestaltung: werkstatt für gebrauchsgrafik, Berlin
Layout und technische Umsetzung: Annika Preyhs für Buchgestaltung+, Berlin

Umschlagfoto: Corbis: © Shaun Best
Copyright für *Avant-propos, Le petit Indien et l'érable* © 2005 Éditions Flammarion, Paris; *Lygaya à Québec* © 1996 Les Éditions Hurtubise, Montréal; *Gris et blanc, Jaune et blanc, Rose et blanc, Noir et blanc, Rouge et blanc, Âllo, Les transports en commun, Oui or no, Ça* © 1997 Les Éditions du Boréal, Montréal; *Bleu, Les maudits Français* © Éditions Raoul Breton
Bildquelle: © Canadian Tourism Comission, 4/2001 (S. 116–117) – Karen Bambonye (S. 128)

Verwendete Abkürzungen

f.	féminin	pl.	pluriel	etw.	etwas
fam.	familier	qc	quelque chose	jmd.	jemand
litt.	littéraire	qn	quelqu'un	jdm.	jemandem
m.	masculin	vulg.	vulgaire	jdn.	jemanden
				vulg.	vulgär

www.cornelsen.de

1. Auflage, 4. Druck 2022

Alle Drucke dieser Auflage sind inhaltlich unverändert
und können im Unterricht nebeneinander verwendet werden.

© 2010 Cornelsen Verlag, Berlin
© 2017 Cornelsen Verlag GmbH, Berlin

Das Werk und seine Teile sind urheberrechtlich geschützt. Jede Nutzung in anderen als den gesetzlich zugelassenen Fällen bedarf der vorherigen schriftlichen Einwilligung des Verlages. Hinweis zu §§ 60a, 60b UrhG: Weder das Werk noch seine Teile dürfen ohne eine solche Einwilligung an Schulen oder in Unterrichts- und Lehrmedien (§ 60b Abs. 3 UrhG) vervielfältigt, insbesondere kopiert oder eingescannt, verbreitet oder in ein Netzwerk eingestellt oder sonst öffentlich zugänglich gemacht oder wiedergegeben werden.
Dies gilt auch für Intranets von Schulen.

Druck: AZ Druck und Datentechnik GmbH

ISBN 978-3-06-020288-1

PEFC zertifiziert
Dieses Produkt stammt aus nachhaltig bewirtschafteten Wäldern und kontrollierten Quellen.

www.pefc.de

PEFC/04-31-2260

Des origines du Québec …

- 7 **Avant-propos** *Jean Muzi*
- 11 **Le petit Indien et l'érable** *Jean Muzi*
- 17 **Lygaya à Québec** *Andrée-Paule Mignot*

… à nos jours

- 35 **Gris et blanc** *Monique Proulx*
- 41 **Jaune et blanc** *Monique Proulx*
- 51 **Rose et blanc** *Monique Proulx*
- 59 **Noir et blanc** *Monique Proulx*
- 69 **Rouge et blanc** *Monique Proulx*
- 77 **Allô** *Monique Proulx*
- 83 **Les transports en commun** *Monique Proulx*
- 89 **Oui or no** *Monique Proulx*
- 107 **Ça** *Monique Proulx*

Annexe

- 110 **Repères chronologiques**
- 111 **Le drapeau québécois**
- 112 **Bleu** *Lynda Lemay*
- 116 **Impressions du Québec**
- 118 **Cartes du Canada**
- 120 **L'immigration au Québec**
- 121 **Les maudits Français** *Linda Lemay*
- 125 **La Charte de la langue française**
- 127 **Répartition des langues maternelles au Québec**

Des origines du Québec …

Jean Muzi
Avant-propos

Avant l'arrivée des Blancs, le Canada était peuplé de groupes d'Indiens et d'Inuits, inégalement répartis[1] sur son vaste[2] territoire. On pense qu'ils venaient d'Asie et auraient traversé le détroit[3] de Béring à une lointaine[4] époque où un bras de terre reliait[5] la Sibérie au continent nord-américain. Ces Amérindiens, divisés en de nombreuses tribus, vivaient de la chasse et de la pêche[6].

Jacques Cartier explore le golfe du Saint-Laurent en 1534. Il est le premier à établir une présence française sur le continent nord-américain.

La colonisation du Canada débutera[7] plus tard sous l'influence de Samuel de Champlain. Celui-ci fonde[8] la ville de Québec en 1608, à un endroit appelé Kébec par les Indiens, qui signifie « rétrécissement[9] du fleuve ». C'est là en effet que le Saint-Laurent est le plus étroit[10].

En 1759, l'Angleterre fait la conquête[11] du Canada qui deviendra une confédération[12] en 1867, au sein[13] de laquelle

1   réparti/e: verteilt
2   vaste: très grand
3   le détroit: Meeresenge
4   lointain/e: weit entfernt
5   relier qc: etw. verbinden
6   la pêche: Fischfang
7   débuter: commencer
8   fonder qc: etw. gründen
9   le rétrécissement: Verengung, Verjüngung
10 étroit/e: eng
11 la conquête: Eroberung
12 la confédération: Bund
13 le sein: *hier* Schoß

le Québec est une province distincte[1], et la seule où l'on parle français. Elle est très vaste et sa superficie[2] équivaut[3] à trois fois celle de la France. Plus de la moitié est couverte de forêts ou parcourue[4] de cours d'eau[5], et on y compte près de 900 000 lacs.

Les immigrants français qui débarquèrent[6] au Québec y ont tout naturellement introduit les contes traditionnels de leurs provinces d'origine. Au fil du temps[7], ces contes ont intégré les particularités du pays. Ils se sont transformés, teintés[8] de couleurs locales tout en conservant le parfum de leurs origines.

J'en ai sélectionné un certain nombre, auxquels j'ai mêlé[9] des contes amérindiens, afin de présenter aussi la culture des peuples autochtones[10] qui vivaient au Québec avant l'arrivée des Blancs. J'ai adapté et réécrit tous les textes de cet ouvrage afin de les rendre plus attrayants[11] pour les jeunes lecteurs.

Je vais vous conter des vérités et des menteries[12]...

---

1 distinct/e: eigenständig, abgegrenzt
2 la superficie: Fläche
3 équivaloir à qc: einer Sache entsprechen
4 parcourir qc: etw. durchlaufen, durchfließen
5 le cours d'eau: Wasserlauf
6 débarquer: quitter un bateau
7 au fil du temps: im Laufe der Zeit
8 teinter: tönen, einfärben
9 mêler qc à qc: etw. untermischen
10 autochtone: einheimisch
11 attrayant/e: attractif/-ive
12 la menterie: le mensonge

Sujets d'étude

1. Aperçu historique: Présentez un aperçu du peuplement du Canada et du Québec en faisant une frise chronologique. Notez les dates et les noms les plus importants donnés dans le texte.

Au-delà du texte

1. Expliquez le terme «amérindien». Choisissez au moins deux groupes représentant les Amérindiens et préparez une présentation de deux minutes sur leur mode de vie, leurs ennemis et le territoire où ils vivaient. (Recherchez des informations supplémentaires.)
2. Aperçu géographique: Retracez les particularités de la géographie québécoise (les rivières, le paysage, les montagnes, le climat, les ressources minérales) à partir des informations contenues dans le texte et de vos propres recherches sur Internet.

Jean Muzi
Le petit Indien et l'érable[1]

Dans ce conte amérindien, la maladresse[2] *s'avère*[3] *bénéfique*[4].

Les récoltes[5] avaient été très mauvaises cette année-là. Les réserves, qui n'étaient pas suffisantes, avaient vite fondu[6] et la fin de l'hiver s'annonçait préoccupante[7]. Plume[8]-d'Aigle[9], le chef de la tribu, avait réuni tous les hommes.

5 — Nous manquons de nourriture et il reste de nombreuses lunes avant les nouvelles récoltes, leur dit-il. Si nous ne voulons pas mourir de faim, nous devons trouver du gibier[10]. Dès demain, tous les hommes valides et tous les garçons en âge de se servir d'un arc partiront à la chasse[11].

10 Le lendemain, Œil-de-Lynx[12], le petit Indien, se leva de bonne heure. Ce jour-là, il était le plus jeune des chasseurs. Tout était blanc. Il avait chaussé[13] ses raquettes[14] tressées[15] de

---

1 l'érable *m.*: Ahorn
2 la maladresse: Ungeschicklichkeit
3 s'avérer: sich erweisen
4 bénéfique: günstig, nützlich
5 la récolte: Ernte
6 fondre: dahinschwinden
7 préoccuper qn: jdn beunruhigen
8 la plume: Feder
9 l'aigle *m.*: Adler
10 le gibier: Wild
11 partir à la chasse: auf die Jagd gehen
12 le lynx: Luchs
13 chausser qc: mettre qc
14 la raquette: *hier* Schneeschuh
15 tresser qc: etw. flechten

nerf[1] de chevreuil[2] et il avançait dans la froidure[3] du matin qu'éclairait[4] une lumière blême[5].

Le petit Indien n'avait pas beaucoup d'expérience. Mais il commençait à savoir se servir d'un arc et il voulait le prouver[6]. Il avait fait très froid durant la nuit. La neige était dure et crissait[7] sous ses raquettes. Pour avoir plus de chances de trouver du gibier, les chasseurs s'étaient séparés et Œil-de-Lynx avançait seul dans la forêt. Le temps passait. Aucun animal ne semblait vouloir se montrer et il se demandait s'il n'allait pas être contraint[8] de rentrer bredouille[9]. La forêt était maintenant moins touffue[10]. Il progressait facilement entre les troncs[11] bruns, qui contrastaient avec le sol immaculé[12].

En arrivant dans une clairière[13], il vit des traces[14] sur la neige. C'étaient celles de plusieurs lièvres[15]. La chance semblait vouloir lui sourire. Il suivit les traces. Il était attentif au moindre bruit et son regard scrutait[16] les alentours[17]. Sur sa droite, un lièvre à l'arrêt l'observait. Sa fourrure[18] blanche

---

1. le nerf: *hier* Sehne
2. le chevreuil: Reh
3. la froidure: Kälte
4. éclairer qn/qc: jdn/etw. erhellen, beleuchten
5. blême: fahl, blaß
6. prouver qc: etw. beweisen
7. crisser: knirschen
8. être contraint/e de faire qc: être forcé/e de faire qc
9. rentrer bredouille: unverrichteter Dinge nach Hause kehren
10. touffu/e: dicht
11. le tronc: Baumstamm
12. immaculé/e: makellos
13. la clairière: endroit dans une forêt où il n'y a pas d'arbres
14. la trace: Spur
15. le lièvre: Hase
16. scruter qc: regarder intensément qc
17. les alentours *m.pl.*: Umgebung
18. la fourrure: Pelz, Fell

se confondait[1] avec la neige, mais Œil-de-Lynx, qui avait la vue perçante[2], l'aperçut quand même. Il sortit une flèche[3] de son carquois[4], banda[5] son arc et tira. Dans sa hâte[6], il ne dut[7] pas viser suffisamment, car la flèche alla se planter dans le tronc d'un érable.

Le petit Indien était contrarié[8] d'avoir raté[9] sa cible[10]. Il aurait tant aimé rapporter un lièvre au village. Il s'approcha de l'érable, saisit la flèche des deux mains et tira. Après l'avoir arrachée[11], il s'aperçut que de la sève[12] coulait du trou laissé par la flèche. Il la goûta. Elle était sucrée et il trouva qu'elle avait bon goût.

Il vida[13] son carquois de ses flèches et le maintint[14] contre l'arbre pour le remplir[15] de sève. « À défaut[16] de gibier, je vais rapporter ce liquide sucré », se dit-il. Dès que le carquois fut plein, le petit Indien prit le chemin du retour. La nuit tombait lorsqu'il arriva au village. Il entra dans le tipi familial.

1 se confondre avec qc: sich mit etw. vermischen
2 perçant/e: durchdringend
3 la flèche: Pfeil
4 le carquois: Köcher
5 bander qc: etw. spannen
6 la hâte: Hast, Eile
7 dut: *passé simple de* devoir
8 être contrarié/e: être en colère
9 rater qc: etw. verfehlen
10 la cible: Zielscheibe
11 arracher qc: etw. herausreißen
12 la sève: le jus
13 vider qc: etw. ausleeren
14 maintenir qc: *ici* tenir qc
15 remplir qc de qc: etw. mit etw. füllen
16 à défaut de qc: aus Mangel an etw.

Griffe-d'Ours[1], son père, était déjà là. Il avait la mine triste comme son épouse[2] Perdrix-Rousse[3]. L'enfant en déduisit[4] que son père était rentré bredouille. Sur le feu était posée une marmite[5] dans laquelle cuisaient quelques haricots. Perdrix-Rousse regarda son fils avec une lueur[6] d'espoir dans les yeux.

— Je vous ai rapporté du liquide qui coule de l'érable, dit Œil-de-Lynx en tendant[7] fièrement le carquois à ses parents.

— Que veux-tu que nous en fassions ? s'énerva Griffe-d'Ours qui espérait le voir ramener[8] du gibier.

Il saisit le carquois et d'un geste brutal le jeta vers l'âtre[9]. Le liquide se répandit[10] sur les pierres brûlante et se transforma en sirop d'érable tandis qu'une agréable odeur[11] sucrée envahissait[12] le tipi. Surpris, les parents du garçon s'approchèrent du foyer[13]. Ils récupérèrent[14] l'épais sirop qui collait aux pierres et le laissèrent refroidir avant de le goûter.

— C'est vraiment bon ! s'exclamèrent[15]-ils.

Œil-de-Lynx le goûta à son tour et le trouva exquis[16].

---

1 Griffe-d'Ours: Bärenpranke
2 l'épouse *f.*: la femme
3 Perdrix-Rousse: Rotes Rebhuhn
4 déduire qc: etw. ableiten
5 la marmite: Kochtopf
6 la lueur: Schimmer
7 tendre qc à qn: jdm etw. entgegenstrecken
8 ramener qc: etw. zurückbringen
9 l'âtre *m.*: endroit où on fait du feu
10 se répandre: sich ausbreiten
11 l'odeur *f.*: Duft
12 envahir qc: etw. durchströmen
13 le foyer: endroit où il y a du feu dans un tipi
14 récupérer qc: etw. zurückgewinnen, einsammeln
15 s'exclamer: ausrufen
16 exquis/e: hervorragend

— C'est bien de la sève de l'érable que tu as rapportée ? lui demanda Perdrix-Rousse.

— Oui.

— Nous irons en chercher demain, décida Griffe-d'Ours, avant de s'excuser d'avoir réagi violemment.

Le lendemain matin, Œil-de-Lynx et son père quittèrent le tipi de bonne heure. Ils se dirigèrent vers le premier érable qu'ils aperçurent. Griffe-d'Ours sortit son poignard[17], fit une incision[18] dans le tronc et Œil-de-Lynx accrocha[19] un récipient[20] au-dessous. Ils le récupérèrent un jour plus tard. Le petit Indien aida son père à le porter. C'est Perdrix-Rousse qui se chargea de répandre la sève sur les pierres brûlantes de l'âtre. L'odeur du sirop, qui s'échappait du tipi, intrigua[21] les membres de la tribu. Ils voulurent savoir de quoi il s'agissait. Perdrix-Rousse remplit de sirop d'érable plusieurs gobelets[22] d'écorce[23] qu'elle fit circuler. Ils le goûtèrent et le trouvèrent si bon qu'ils se mirent[24] rapidement à en fabriquer. La tribu put ainsi terminer l'hiver sans souffrir de la faim.

Plume-d'Aigle, le chef de la tribu, félicita Œil-de-Lynx pour sa trouvaille[25]. Progressivement, la recette se propagea[26]. Et bientôt, toutes les tribus indiennes fabriquèrent du sirop d'érable.

---

17 le poignard: Dolch
18 l'incision *f.*: Einschnitt
19 accrocher qc: etw. anhängen
20 le récipient: Gefäß
21 intriguer qn: jdn aufmerksam werden lassen
22 le gobelet: Becher
23 l'écorce *f.*: Rinde, Borke
24 se mirent: *passé simple de* se mettre à faire qc
25 la trouvaille: Fund
26 se propager: sich ausbreiten

Sujets d'étude

Après la lecture

1. Résumez l'histoire.
2. Décrivez la vie des Indiens à partir des éléments contenus dans le texte.
3. Caractérisez Œil-de-Lynx.
4. Comparez le comportement du père à celui du fils.
5. Expliquez pourquoi les expériences d'Œil-de-Lynx peuvent être considérées comme un moment clé dans sa vie.
6. Voici la définition du mot «légende», d'après le Larousse, Dictionnaire de la langue française, Paris 2010, p. 605:
   légende n. f. (lat. legenda, ce qui doit être lu): Récit traditionnel dont les événements fabuleux ont pu avoir une base historique, réelle, mais ont été transformés par l'imagination populaire. Elle est fortement liée à un élément clé, qui est précisé et se concentre sur un lieu, un objet, un personnage ou une histoire.
   Analysez le style et le contenu de «Le petit Indien et l'érable» selon cette définition.
7. Trouvez une morale à l'histoire et justifiez-la en vous basant sur le texte.
8. Pendant la nuit, Œil-de-Lynx raconte les expériences de la journée à son petit frère. Écrivez le dialogue.

Andrée-Paule Mignot
Lygaya à Québec

Chapitre 11
Le Canada

Enlevé[1] par des marchands[2] d'esclaves, avec sa famille, Lygaya a été vendu à un planteur de canne à sucre[3] à la Martinique[4]. Depuis son arrivée en 1780, il n'a jamais quitté la plantation. Un jour, le maître lui donne l'ordre
5 *d'accompagner son fils à Saint-Pierre, la capitale, pour une importante mission. C'est le début de grandes aventures sur terre et sur mer qui mèneront[5] Lygaya jusqu'au Canada. Retrouvera-t-il enfin sa liberté ?*

Le lendemain, alors que le soleil se levait, Jean
10 Desfontaines[6] arrivait au port de Saint-Pierre, suivi de Lygaya. Deux marins les attendaient pour les conduire à bord d'une goélette[7], ancrée au beau milieu de la baie[8].

Lorsqu'ils montèrent à bord, le capitaine ordonna[9] à un marin :

1 enlever qn: jdn entführen
2 le marchand: Händler
3 la canne: plante avec laquelle on produit du sucre
4 la Martinique: Fait partie de l'archipel des Antilles et est devenue française en 1635.
5 mener qn: jdn führen
6 Jean Desfontaines est un ami de la famille de l'ancien maître de Lygaya. Il achète Lygaya pour le sauver de l'esclavage arbitraire et cruel.
7 la goélette: le grand bateau à voile
8 la baie: Bucht
9 ordonner qc à qn: jdm etw. befehlen

— Descends l'esclave dans l'entrepont.[1]

Lygaya savait ce que cela voulait dire. L'entrepont… Les esclaves. Il fut surpris de découvrir, dans le ventre du navire[2], non pas des esclaves, mais des barils[3] de sucre, du rhum, du tabac. Le second lui entrava[4] les chevilles[5] avec de lourdes chaînes[6], solidement rivées[7] à l'un des piliers[8] de soutènement du bateau, puis il referma la porte, le laissant seul dans l'obscurité. À la fin de la matinée, le vaisseau[9] naviguait[10] vers le large[11].

Toutes les six heures, un marin venait chercher Lygaya, pour le mener sur le pont[12]. Cela lui permettait de respirer, de se dégourdir[13] les jambes et de manger le manioc[14] qui lui était servi. Ce voyage ne dura pas très longtemps, car au bout de trois jours, Lygaya fut tiré de son sommeil[15] en pleine nuit. On l'amena[16] sur le pont où Jean l'attendait. Lygaya aperçut, non loin, la forme d'un autre bateau, toutes voiles baissées, qui semblait attendre. Voyant son regard interrogateur[17], Jean le rassura[18]. Lygaya comprit alors qu'ils al-

---

1 l'entrepont *m.*: Zwischendeck
2 le navire: le bateau
3 le baril: Fass
4 entraver: Fesseln anlegen
5 la cheville: Knöchel
6 la chaîne: Kette
7 river qc: etw. vernieten
8 le pilier de soutènement: Stützpfeiler
9 le vaisseau: le bateau
10 naviguer: zur See fahren, auslaufen
11 le large: die offene See
12 le pont: Deck
13 se dégourdir les jambes: sich die Beine vertreten
14 le manioc: plante tropicale
15 tirer qn de son sommeil: réveiller qn
16 amener: herführen
17 interrogateur/-trice: fragend
18 rassurer qn: calmer qn

laient être transbordés[1] sur le navire silencieux que les rayons[2] de lune faisaient ressembler à un vaisseau fantôme. Ils grimpèrent rapidement à bord.

Le capitaine s'adressa à Jean tout d'abord dans une
5 langue inconnue de Lygaya, puis il lui dit en français avec un très fort accent :

— Nous serons à Québec dans trois semaines, au début du mois de novembre. Votre esclave sera installé dans l'entrepont avec les marchandises[3]. Un matelot[4] lui donnera
10 des vêtements chauds et une couverture.

Durant ces trois semaines de traversée, Lygaya put aller et venir librement sur le pont. Il ne rejoignait[5] l'entrepont que le soir, pour se coucher. On lui avait remis des vêtements chauds. Un pantalon, une grosse chemise et une
15 vieille veste trop grande pour lui. Autour de lui, tous les hommes parlaient anglais. « Il va falloir que j'apprenne cette langue… » pensa Lygaya, qui se demandait ce que la ville de Québec lui réservait.

➻➻ *voir Sujets d'étude A, p. 30*

Après que la terre fut annoncée, le bateau entra dans
20 l'embouchure[6] d'un immense fleuve qui semblait comme une mer intérieure. Le fleuve Saint-Laurent. À mesure qu'ils approchaient de Québec, Lygaya découvrait de nouveaux paysages qui ne ressemblaient en rien à ceux qu'il avait pu voir auparavant[7]. Des conifères[8], des érables[9],

---

1 transborder qn/qc: jdn/etw. umschiffen, umladen
2 le rayon: Strahl
3 la marchandise: Ware
4 le matelot: Matrose
5 rejoindre: wieder zu einem Ort gehen
6 l'embouchure *f*.: Flussmündung
7 auparavant: avant
8 le conifère: Nadelbaum
9 l'érable *m*.: Ahorn

une végétation dense[1], aussi luxuriante que celle des îles, mais plus touffue[2] et chargée[3] de couleurs.

Lorsqu'ils arrivèrent en vue du port de Québec, en novembre 1783, la ville qui se découpait[4] au loin impressionna immédiatement le jeune esclave. De magnifiques couleurs composaient[5] le paysage : du rouge, du jaune, un peu de vert, du violet. Tout cela se découpait sur un ciel bleu azur qu'aucun nuage ne venait troubler[6]. La ville, corsetée de remparts[7], était construite au bord du fleuve qui se rétrécissait[8] à cet endroit. Elle était dominée par une immense bâtisse[9] surmontée[10] d'un clocher[11]. Sur ce que l'on appelait le cap aux Diamants, on pouvait apercevoir une citadelle qui surplombait[12] fièrement le paysage.

Lorsqu'ils eurent débarqués[13], Jean Desfontaines retrouva le secrétaire de son oncle qui les attendait dans le tumulte du port. Jean paraissait heureux de le revoir.

— Alors, quelles sont les nouvelles ? lui demanda-t-il.

— Hélas, bien tristes, Monsieur, répondit le secrétaire. Une nouvelle maladie semble s'emparer[14] d'une grande partie de la population. On l'appelle la fièvre rouge[15]. Beaucoup sont morts.

---

1 dense: dicht
2 touffu/e: dense
3 chargé/e de qc: mit etw. beladen, voll von etw.
4 se découper: *hier* sich abzeichnen
5 composer qc: *hier* etw. ausmachen
6 troubler qc: etw. trüben
7 le rempart: mur autour d'une ville
8 se rétrécir: sich verengen
9 la bâtisse: Bauwerk
10 surmonter: überragen
11 le clocher: Kirchturm
12 surplomber qc: etw. überragen
13 débarquer: von Bord gehen
14 s'emparer de qc: sich einer Sache bemächtigen
15 la fièvre rouge: *ici* la scarlatine

Cette nouvelle attrista[1] Jean qui s'inquiéta[2] de l'état de santé de son oncle.

— Rassurez-vous, Monsieur, votre oncle est en excellente santé. Il se désole[3] seulement de l'état de son commerce.

— J'ai avec moi un jeune esclave qui lui rendra de bien grands services, répondit Jean en désignant[4] Lygaya.

Ils s'installèrent dans une voiture attelée[5] et traversèrent la ville animée qui, bien que plus importante que Saint-Pierre, était moins colorée, plus grise, plus sévère. Les maisons, construites en pierres, semblaient beaucoup plus cossues[6] à Lygaya que celles de la Martinique. La voiture se dirigea vers ce que l'on appelait le quartier de la Basse-Ville où vivaient de nombreux négociants[7] et artisans. Une activité extraordinaire animait[8] ce quartier qui vivait au rythme du commerce.

— L'hiver n'a pas commencé ? s'enquit Jean.

— Non, Monsieur. Les nuits sont froides, mais les journées sont supportables[9].

Enfin, la voiture s'arrêta devant une très jolie maison plantée au milieu d'un parc d'où l'on pouvait admirer l'impressionnante majesté du fleuve Saint-Laurent.

Monsieur Desfontaines vint à la rencontre de Jean.

— Jean ! Enfin te voilà ! Bienvenue, mon cher enfant ! Je suis ravi de te revoir. Viens vite me raconter ton voyage.

Son regard stupéfait[10] s'arrêta un instant sur Lygaya.

---

1   attrister qn: rendre qn triste
2   s'inquiéter de qn/qc: sich um jdn/etw. Sorgen machen
3   se désoler de qc: etwas bedauern
4   désigner qn: auf jdn zeigen
5   atteler qc: etw. anspannen
6   cossu/e: riche
7   le négociant: Händler
8   animer qc: etw. beleben
9   supportable: erträglich
10 stupéfait/e: très surpris

— Qui est ce jeune nègre ? demanda-t-il.

— Une longue histoire, mon oncle…

J'ai acheté cet esclave pour vous. Il vous sera d'une grande utilité. C'est un excellent palefrenier[1]. C'est mon cadeau !

— Je te remercie mais tu aurais pu trouver un cadeau moins encombrant[2], tout de même ! répondit en riant le vieil homme. Puis, s'adressant à son secrétaire :

— Accompagnez donc cet esclave à la cuisine. Donnez-lui à manger, et voyez à le vêtir convenablement[3].

➦ voir Sujets d'étude B, p. 30

Le jeune secrétaire fit signe à Lygaya de le suivre, laissant Jean et son oncle pénétrer dans la maison.

Simplement décorée, la demeure[4] était chaleureuse[5] et accueillante[6]. L'atmosphère qui y régnait plaisait beaucoup à Jean Desfontaines. Il était venu y rejoindre son oncle quelques années auparavant, poussé par son père qui souhaitait le voir occuper de hautes fonctions dans ce pays neuf qu'était le Canada. Monsieur Desfontaines, qui était veuf[7], vivait seul et occupait un poste administratif[8] important au sein[9] de la communauté[10] francophone. Cet excellent commerçant avait su se faire respecter des Anglais.

---

1 le palefrenier: domestique qui s'occupe des chevaux
2 encombrant/e: platzraubend
3 convenablement: angemessen
4 la demeure: Bleibe, Wohnung
5 chaleureux/-euse: gemütlich
6 accueillant/e: anheimelnd, einladend
7 le veuf/la veuve: homme dont la femme est morte / femme dont le mari est mort
8 administratif/-ive: behördlich
9 au sein de qc: im Schoß von etw.
10 la communauté: Gemeinschaft

Dans la cuisine, Lygaya fit la connaissance d'une jeune esclave, une amérindienne[1] de treize ans, qui venait de la tribu des Panis. Elle était ravissante[2] avec ses grands yeux noirs pétillant[3] d'intelligence et de malice[4], et ses deux longues tresses[5] qui entouraient son joli visage. Lorsque Lygaya lui demanda son nom, elle lui expliqua que, dans sa tribu, on l'appelait « petit rayon de soleil » et, qu'après avoir été baptisée[6], monsieur Desfontaines l'avait prénommée Thérésa.

Le secrétaire de monsieur Desfontaines lui confia[7] Lygaya.

— Thérésa, voici le domestique[8] de monsieur Jean. Montre lui sa chambre. Je reviendrai plus tard.

La jeune fille considéra[9] un instant Lygaya puis demanda :

— Comment t'appelles-tu ?

— Lygaya.

— Hum… Eh bien ici, tu t'appelleras certainement autrement ! Suis-moi…

Elle l'entraîna[10] vers une petite porte située près de la cuisine et le fit entrer dans une pièce minuscule, attenante[11] à l'écurie[12].

— Voici ta chambre, lui dit-elle.

---

1 amérindien/ne: indien/ne
2 ravissant/e: entzückend/hinreißend
3 pétiller: funkeln
4 la malice: Schalkhaftigkeit
5 la tresse: Zopf
6 baptiser qn: jdn taufen
7 confier qc à qn: jdm etw. anvertrauen
8 le/la domestique: l'employé/e de maison
9 considérer qn: *ici* regarder qn
10 entraîner qn: jdn fortschleppen
11 attenant/e: angrenzend
12 l'écurie *f.*: Pferdestall

« Avec les chevaux près de ma chambre, au moins je n'aurai pas froid », pensa Lygaya.

Dans un coin de la pièce, un vrai lit comme il n'en avait jamais eu, prenait pratiquement toute la place. Contre le mur, il y avait une chaise et une petite table en bois sur laquelle était posée une bassine[1]. Lygaya regarda autour de lui, impressionné :

— C'est mieux que ce que j'ai connu jusqu'à présent, dit-il à la jeune fille en déposant[2] ses vieux vêtements sur la chaise.

Il poussa la porte qui donnait sur l'écurie et la bonne odeur des bêtes mêlée à celle du foin[3], la beauté des robes des trois chevaux de monsieur Desfontaines, le rassurèrent[4]. Il se sentait bien dans cette pièce qui serait désormais[5] la sienne.

Les jours passèrent dans cet endroit magnifique que Lygaya découvrait peu à peu, grâce à Thérésa qui, chaque jour, venait le rejoindre. Elle avait beaucoup d'admiration pour Lygaya. Elle savait qu'il avait voyagé et vécu de nombreuses aventures. Curieuse, elle lui posait toutes sortes de questions sur les pays lointains qu'elle rêvait de connaître.

Lygaya appréciait[6] beaucoup la jeune fille. Sa famille avait été massacrée par les Blancs et une grande partie de sa tribu réduite en esclavage. Il se sentait proche d'elle.

Petit à petit, il s'installait dans sa nouvelle vie et se familiarisait avec tout ce qui l'entourait.

➵ *voir Sujets d'étude C, p. 30*

---

1 la bassine: Wasserschüssel
2 déposer qc: mettre qc
3 le foin: de l' herbe sèche
4 rassurer qn: calmer qn
5 désormais: à partir de maintenant
6 apprécier qn: jdn schätzen

Andrée-Paule Mignot · Lygaya à Québec

Il n'était arrivé à Québec que depuis quinze jours, que déjà ce nouveau pays lui offrait un spectacle inoubliable. Un matin, il se leva comme d'habitude, ouvrit la petite porte qui donnait sur l'écurie, puis, regarda machinalement par la fenêtre. Il fut tellement surpris par ce qu'il découvrit, qu'il lâcha[1] le seau[2] d'eau qu'il portait. Il n'en croyait pas ses yeux. Dehors, un tapis blanc recouvrait[3] le parc et les arbres étaient chargés d'une curieuse poudre blanche. Pour la première fois de sa vie, Lygaya voyait de la neige.

Il se précipita[4] à l'extérieur et trempa[5] sa main dans cette matière inconnue. Il s'aperçut alors très vite que la ouate[6] blanche qu'il avait emprisonnée dans sa main, se transformait en eau et lui gelait[7] les doigts. Il se rendit compte qu'il lui faudrait lutter contre le froid. Ce jour-là, subjugué[8] par la beauté et la tranquillité du paysage, comme il l'avait été autrefois par la mer, Lygaya passa une grande partie de son temps à regarder virevolter[9] les flocons de neige dans l'air.

La vie était plutôt tranquille dans cette ville de Québec. Les Blancs parlaient entre eux d'un nouveau théâtre qui venait d'ouvrir ses portes rue Buade, où l'on présentait des ballets et des pièces de théâtre anglaises. On parlait aussi beaucoup des Loyalistes, qui fuyaient[10] les Etats-Unis pour gagner le Canada, et de cette terrible maladie qui avait tué

---

1 lâcher qc: etw. loslassen
2 le seau: Eimer
3 recouvrir qc: etw. bedecken
4 se précipiter: sich stürzen
5 tremper qc dans qc: etw. in etw. dippen, eintauchen
6 la ouate: Watte
7 geler: (ge-)frieren
8 subjuguer qn: fasciner qn
9 virevolter: tourner
10 fuir qn/qc: jdm/etw. entfliehen

plus de mille personnes. Mais cela n'intéressait pas vraiment Lygaya :

— Ce sont des problèmes de Blancs, répondait-il à Thérésa lorsqu'elle lui rapportait les conversations de leurs maîtres.

Parfois, Lygaya pensait à la Martinique, à Pinto[1] et à Sanala[2], à Simbo... À Pierre, à Juliette... Lorsque cela lui arrivait, il fermait alors les yeux pour tenter de retrouver les visages amis. C'était Sanala qui lui manquait le plus.

Il travaillait beaucoup, était bien nourri et bien traité, et ses seules joies consistaient à parler avec la jeune esclave Panis. Elle lui racontait les histoires de son village. Elle lui parlait des peuples amérindiens. Il lui racontait l'Afrique, les animaux sauvages, le soleil et la mer de la Martinique... Et puis, El Djazaïr[3], ses aventures.

➨➨ *voir Sujets d'étude D, p. 31*

Trois années passèrent. Jusqu'à un certain dimanche de juillet 1786, où une voiture vint se poster devant la porte. Lygaya n'y prêta[4] pas vraiment attention car monsieur Desfontaines recevait de nombreux visiteurs, depuis que son neveu était parti, deux ans auparavant, pour la France. On disait qu'il s'y était marié et qu'il ne reviendrait sans doute jamais vivre au Canada.

Ce jour-là donc, Lygaya ne remarqua pas les deux visiteurs qui se dirigeaient ensemble vers la maison. Deux heures plus tard, c'est Thérésa qui annonça :

— Monsieur Jean est de retour ! Il est accompagné de sa femme.

---

1 Pinto est le père de Lygaya.
2 Sanala est la mère de Lygaya.
3 El Djazaïr: Alger
4 prêter attention à qc: einer Sache Aufmerksamkeit schenken

Cette nouvelle surpris Lygaya qui éprouvait[1] beaucoup de reconnaissance[2] pour Jean Desfontaines qui avait toujours été bon avec lui. Les quelques mots prononcés par le vieil esclave, la veille de son départ de la Martinique, lui
5 revinrent en mémoire[3]. Son cœur se mit à battre plus rapidement.

— Comment est sa femme ? demanda-t-il à Thérésa.

— Très jolie ! Brune, les yeux noirs. Un regard très doux. On dit qu'ils vont s'installer dans une maison près d'ici,
10 dans la Haute-Ville.

Intriguée[4] par les nouveaux arrivants, Thérésa disparut rapidement pour retourner à ses occupations favorites qui consistaient à écouter tout ce qui se disait et à regarder tout ce qui l'entourait. Quant à Lygaya, il reprit calmement son
15 travail.

Alors que la nuit tombait et qu'il s'affairait[5] à panser[6] les chevaux, Jean Desfontaines entra dans l'écurie, accompagné de sa femme.

Les voyant sur le pas de la porte, Lygaya se leva
20 rapidement. Devant lui, Juliette[7] souriait comme avant. Paralysé[8], Lygaya ne put articuler aucun son. C'est Juliette qui parla :

— Eh bien ! Si l'on m'avait dit que nous nous retrouverions ici ! Maman m'avait raconté l'horrible histoire de ta

---

1 éprouver qc: sentir qc
2 la reconnaissance: Anerkennung
3 La veille de son départ le vieil esclave lui avait dit : « Si Juliette devient la femme de Jean Desfontaines, peut-être alors viendra-t-elle vivre aussi au Canada… » (p. 150)
4 intriguer qn: rendre qn curieux/-euse
5 s'affairer à faire qc: mit etw. sehr beschäftigt sein
6 panser qc: etw. striegeln
7 Juliette est un parent de l'ancien maître de Lyga.
8 paralysé/e: incapable de bouger

vente. Pierre et Charles[1] ont été soulagés[2] de savoir que
Jean t'avait racheté. Je n'ai malheureusement plus de nou-
velles de la Martinique depuis que ma famille est retournée
vivre en France, il y a un an. La dernière fois que j'ai vu
Pinto et Sanala, ils allaient très bien. Ils ont été rachetés par
Plunka, le père de Geoffroy. Simbo a épousé la cuisinière
Anna, et c'est un ami de Charles qui les a rachetés. Anama
est devenue la cuisinière de la plantation d'Hauteville.

Lygaya fut heureux d'apprendre que ses parents étaient
désormais en lieu sûr, à la plantation de Plunka.

— Pierre m'a chargé[3] de te remettre ceci, ajouta Juliette.

En parlant, elle tendit[4] un petit miroir à Lygaya. Très
ému[5], celui-ci murmura :

— Merci, je ferai attention que personne ne le casse
cette fois-ci…

Juliette savait combien ce geste était important pour
Pierre et Lygaya. C'était un peu le symbole de leur amitié.
Elle sourit gentiment et demanda à son mari de la
raccompagner à la maison.

À la fin de l'été, Lygaya fut baptisé. On l'appela Léonard.

Par la suite, Lygaya revit[6] souvent Juliette qui parfois venait parler avec lui de longues heures, lorsque la Martinique lui manquait. À la mort de l'oncle de Jean Desfontaines, Juliette et son mari héritèrent de tous ses biens[7] : la
maison, les chevaux et les esclaves. Juliette signa alors un

---

1 Charles d'Hauteville est l'ancien maître de Lyaga (de la Martinique),
Pierre est son fils. Pierre et Lygaya étaient devenus amis.
2 soulagé/e: erleichtert
3 charger qn de faire qc: jdn anweisen etw. zu tun
4 tendre qc à qn: donner qc à qn
5 ému/e: plein/e d'émotions
6 revit: *passé simple de* revoir
7 les biens *m.pl.*: Güter

ordre d'affranchissement[1] pour Thérésa et Léonard qui se marièrent quelques mois plus tard.

Libre, mais complètement démunie[2], la famille « Léonard » décida de son plein gré[3] de rester au service de Jean et de Juliette Desfontaines, à Québec. Ils y vécurent[4] jusqu'à la fin de leurs jours, en toute liberté, mais esclaves de leur misère et de leur passé.

À l'abolition[5] de l'esclavage, vers 1838 au Canada, le petit-fils de Lygaya, qui s'appelait Jean-Baptiste Léonard, s'installa dans un village, près de Québec. Sa femme, qui avait été esclave en Louisiane, était venue se réfugier[6] dans cette contrée[7] du Canada que l'on disait accueillante. Elle était cuisinière et travailla dans une famille riche de la région.

➻ *voir Sujets d'étude E, p. 31*

---

1 l'affranchissement *m.*: Freilassung
2 démuni/e: hilflos
3 de son plein gré: aus freien Stücken
4 vécurent: *passé simple de* vivre
5 l'abolition *f.*: Abschaffung
6 se réfugier: Zuflucht suchen
7 la contrée: Gegend

Sujets d'étude

A. Page 17, l. 1 – page 19, l. 18

1. Indiquez le sujet de ce texte et donnez un titre à sa première partie.
2. Citez des exemples qui montrent les conditions dans lesquelles le voyage des esclaves avait lieu.
3. Analysez comment le narrateur fait comprendre les conditions de vie des esclaves en vous basant sur la perspective narrative et les procédés stylistiques.
4. Pendant le voyage, Lygaya écrit une lettre à ses parents, restés à la Martinique, dans laquelle il note ses expériences, impressions et sentiments. Rédigez cette lettre.

B. Page 19, l. 19 – page 22, l. 10

1. Résumez cette partie de la nouvelle.
2. Décrivez le nouveau monde tel que le voit Lygaya.

C. Page 22, l. 11 – page 24, l. 27

1. Donnez un titre à cette partie du texte.
2. Faites le portrait de Thérésa.
3. Dégagez les sentiments de Lygaya face à son nouveau monde. Trouvez trois adjectifs pour les décrire et justifiez-les à l'aide du texte.
4. Examinez la relation de Lygaya et Thérésa.

D. Page 25, l. 1 – page 26, l. 15

1. Indiquez le sujet de ce paragraphe.
2. «On parlait aussi beaucoup des Loyalistes, qui fuyaient[1] les Etats-Unis pour gagner le Canada […]» (p. 25, l. 22 – p. 26, l. 1) Faites des recherches et situez cette citation dans son contexte historique.
3. Écrivez le monologue intérieur de Lygaya lorsqu'il découvre l'hiver pour la première fois.

E. Page 26, l. 16 – page 29, l. 14

1. Exposez brièvement pourquoi ce dimanche de juillet 1786 est un jour très important dans la vie de Lygaya.
2. Caractérisez Juliette.
3. Rédigez ce que Lygaya écrit dans son journal intime ce soir-là.

Après la lecture

1. Résumez l'histoire de Lygaya.
2. Faites le portrait de Lygaya (sa famille, ses expériences, ses amis, son caractère, ses rapports avec les autres).
3. Replacez cet extrait du roman «Lygaya à Québec» dans son contexte historique.
4. *«L'esclavage au tout début de notre pays: une histoire que nous connaissons peu.»* Commentez cette phrase qui se trouve sur la quatrième de couverture de ce livre.

---

[1] fuir qc: etw. entfliehen

… à nos jours

Monique Proulx
Gris et blanc

Je t'écris, Manu, même si tu ne sais pas lire. J'espère que ta vie se porte[1] à merveille[2] et que les rochers de Puerto Quepos se dressent[3] fièrement quand tu nages dans la mer. Nous sommes installés, maintenant. Nous avons un sofa, un matelas neuf, deux tables, quatre chaises droites[4] presque de la même couleur et un réfrigérateur merveilleux qui pourrait contenir des tortillas en grand nombre. Je dors sur le sofa, à côté du réfrigérateur merveilleux. Tout va bien, je me réveille souvent parce que le réfrigérateur ronfle[5], mais le chemin vers la richesse est rempli de bruits qui n'effraient[6] pas l'oreille du brave[7]. De l'autre côté de la fenêtre, il y a beaucoup d'asphalte et de maisons grises. On voit des autos qui passent sans arrêt et ce ne sont jamais les mêmes, Manu, je te le dis sans me vanter[8].

Ça s'appelle Montréal. C'est un endroit nordique et extrêmement civilisé. Toutes les autos s'arrêtent à tous les feux rouges et les rires sont interdits passé certaines heures. Il y a très peu de guardias[9] et très peu de chiens. Le mot « nordique » veut dire qu'il fait froid comme tu ne peux pas imaginer même si c'est seulement novembre. En ce

---

1 se porter: se dérouler, se passer
2 à merveille: très bien, parfaitement
3 se dresser: sich aufrichten
4 droit/e: aufrecht, gerade
5 ronfler: faire du bruit
6 effrayer qn: faire peur à qn
7 brave: courageux
8 se vanter: aufschneiden, angeben
9 el guardia (spanisch): agent de police

moment, j'ai trois chandails[1] en laine[2] de Montréal sur le dos, et mamá se réchauffe devant la porte ouverte du four[3] qui appartient au poêle[4] qui est grand et merveilleux, lui aussi. Mais on s'habituera, c'est sûr, le chemin vers la richesse est un chemin froid.

Ce ne sera pas encore ce mois-ci que tu pourras venir, mais ne désespère pas. Je fais tous les soirs le geste de te caresser la tête avant de m'endormir, ça m'aide à rêver de toi. Je rêve qu'on attrape des lézards[5] ensemble et que tu cours plus vite que moi sur la grève[6] de Tarmentas et que la mer fait un grondement[7] terrible qui me réveille, mais c'est le réfrigérateur.

Il y a une mer ici aussi, j'y suis allé une fois en compagnie de mon ami Jorge et c'est très différent. La mer de Montréal est grise et tellement moderne qu'elle ne sent pas les choses vivantes. J'ai parlé de toi à Jorge, je t'ai grossi d'une dizaine de kilos pour qu'il se montre plus admiratif.

Voici comment se passent mes journées ordinaires. Il y a des moments comme se lever, manger et dormir, qui reviennent souvent et qui partent vite. Il y a les deux épiceries de la rue Mont-Royal, M. Dromann et M. Paloz, qui m'engagent pour faire des livraisons. Je sais déjà plein de mots anglais, comme *fast, fast*. Le reste du temps, je suis à l'école, c'est une grande école grise avec une cour en asphalte grise et un seul arbre que j'ai à moitié cassé quand j'ai grimpé dessus. Les moments d'école sont les pires, bien entendu, j'essaie de retenir seulement les choses qui peuvent servir plus tard.

---

1 le chandail: le pullover
2 la laine: Wolle
3 le four: Backofen
4 le poêle: Heizofen
5 le lézard: Eidechse
6 la grève: *ici* la plage
7 le grondement: le bruit des vagues

Le dimanche, avec Jorge, on fume des cigarettes et on marche, on marche. On peut marcher extrêmement longtemps, à Montréal, sans jamais voir d'horizon. Une fois, comme ça, en cherchant l'horizon, on s'est perdus et la
5 *guardia civile* nous a ramenés très gentiment à la maison dans une auto neuve et j'ai pensé à toi, mon vieux Manu, qui aime tellement courir après les autos neuves pour faire peur aux touristes.

Je ne veux pas que tu croies que la vie n'est pas bonne
10 ici, ce ne sera pas vrai complètement, il y a des tas de choses que je vois pour la première fois, et l'odeur de la richesse commence même à s'infiltrer dans notre pièce et demie. *Hier*, nous avons mangé des morceaux de bœuf énormes, Manu, et d'une tendreté[1] comme il n'y en a pas à Puerto
15 Quepos, je t'en envoie un échantillon[2] bien enveloppé. Ce qui me dérange le plus, car je ne veux pas te mentir, c'est le côté nordique de la ville, et le gris, qui est la couleur nationale. Mamá, elle, est surtout dérangée par les toilettes des magasins, c'est là qu'elle travaille et qu'on la paie pour net-
20 toyer. Si tu voyais ces magasins, Manu, ils ont des magasins que tu dirais des villages en plus civilisé et en plus garni[3], tu peux marcher des heures dedans sans avoir le temps de regarder tous les objets merveilleux que nous nous achèterons une fois rendus plus loin dans le chemin vers la ri-
25 chesse.

Mais la chose de ce soir, la chose dont il faut que je te parle. Mamá nettoyait le réfrigérateur et par hasard elle s'est tournée vers la fenêtre. C'est elle qui l'a aperçu[4] la première. Elle a poussé un cri qui m'a fait approcher tout de

---

1 la tendreté: Zartheit
2 l'échantillon *m.*: Probe
3 garni/e: ausgestattet
4 apercevoir qn/qc: remarquer qn/qc

suite. Nous sommes restés tous les deux longtemps à regarder dehors en riant comme des êtres sans cervelle[1].

La beauté, Manu. La beauté blanche qui tombait à plein ciel, absolument blanche partout où c'était gris. Ah, dure assez longtemps, Manu, fais durer ta vie de chien jusqu'à ce que je puisse te faire venir ici, avec moi, pour jouer dans la neige.

---

1 la cervelle: Hirn

Sujets d'étude

Après la lecture

1. Présentez le narrateur (son âge, ses origines, sa langue, sa famille, sa vie quotidienne, ses rêves).
2. Expliquez qui est Manu. Trouvez des preuves dans le texte.
3. Comparez le pays d'origine et le pays d'accueil tels qu'ils sont présentés dans le texte. Choisissez trois adjectifs qui vont avec chaque endroit. Justifiez votre choix.
4. Imaginez que l'oncle et la tante du narrateur à Puerto Quepos lisent la lettre de Manu. La tante est sceptique et pense que le neveu ne va pas bien à Montréal tandis que l'oncle a l'impression qu'il va très bien. Ils discutent de cette question. Écrivez le dialogue.
5. Étudiez de façon détaillée l'importance des deux couleurs du titre.
6. Dans quelle mesure peut-on considérer cette nouvelle comme une critique sociale de l'immigration? Discutez.

Monique Proulx
Jaune et blanc

à Ying Chen

Tu avais raison, grand-mère, les lieux sont des miroirs poreux[1] qui gardent les traces de tout ce que nous sommes. Lorsque nous regardions ensemble les jardins de l'autre côté du Huangpu[2], à Shanghai, je ne voyais de mes yeux
5 trop jeunes que des paysans et des platanes agités par le vent, alors que tes yeux à toi plongeaient sous les arbres et les humains affairés[3] et ramenaient[4] à la surface des images invisibles.

Je sais maintenant que tous les lieux parlent, grand-
10 mère, les jardins et les rues de Shanghai, les tramways et les autobus, les maisons et les montagnes, et même les magasins.

C'est un magasin qui m'a révélé[5] ce que serait ma vie à Montréal, un magasin semblable à un archipel aux îlots[6]
15 surpeuplés[7], dont les foules[8] denses sont formées d'objets plutôt que d'êtres vivants, un magasin au nom étrange qui ne fournit[9] aucun indice[10] sur son contenu : Canadian Tire[11].

1 poreux/-euse: avec des petits trous
2 le Huangpu: rivière qui coule à travers Shanghai
3 affairé/e: une personne affairée est une personne qui a beaucoup de choses à faire
4 ramener qc: *hier* hervorholen
5 révéler qc à qn: dire qc à qn
6 l'îlot *m.*: la petite île
7 surpeuplé/e: où il y a trop de gens
8 la foule: grand nombre de gens
9 fournir qc: donner qc
10 l'indice *m.*: *ici* information
11 Canadian Tire: grand magasin canadien

Je plantais des dahlias dans le jardin de mon nouveau propriétaire, et je voulais les soutenir avec un tuteur[1]. Je suis entrée dans ce Canadian Tire pour acheter rapidement un morceau de broche[2] ou de bois, et je n'en suis sortie que trois heures plus tard, l'esprit ployant[3] sous l'encombrement[4] et les mains vides.

Les choses de ce magasin, grand-mère, courent à perte de vue[5] dans des allées plus larges que des ruelles et grimperaient jusqu'au ciel si le plafond[6] ne venait interrompre leur escalade[7]. Elles sont rouges, grises, jaunes, vertes, grandes, petites, allongées[8], rondes ou rectangulaires, et pourtant on dirait qu'elles se ressemblent toutes, et plus le regard cherche à les distinguer les unes des autres, plus elles se multiplient et se dérobent[9] et se fondent à l'infini en un seul objet monstrueux, aux parties innombrables et à l'usage mystérieux.

J'ai tenté d'avancer dans ce magasin comme je l'aurais fait dans la rue Nanjing au milieu d'une cohue[10]. Mais comment avancer lorsqu'il n'y a aucun repère[11], comment savoir dans quelle direction porter ses pas ? Alors je suis restée immobile, le cœur serré[12] par l'effroi[13], pendant que les

---

1 le tuteur: Stütze
2 le morceau de broche: Stück Draht
3 ployer: beugen
4 l'encombrement *m.*: Überlastung, Überfüllung
5 à perte de vue: so weit das Auge reicht
6 le plafond: Decke (eines Raumes)
7 l'escalade *f.*: *hier* Aufstieg
8 allongé/e: langgestreckt
9 se dérober à qc: sich einer Sache entziehen
10 la cohue: la foule
11 le repère: Merkzeichen
12 serrer le coeur à qn: jdn beklemmen
13 l'effroi *m.*: Entsetzen

clients affluaient[1] à l'intérieur, me contournaient[2] sans me voir, fonçaient[3] avec détermination là où il leur fallait aller, là où les attendaient une destination et un objet précis. Je n'ai jamais connu d'angoisse[4] plus grande qu'à ce moment-là, grand-mère, à ce moment où Montréal m'est apparu comme une énigme indéchiffrable[5] dont les clés et les codes pour survivre m'échapperaient[6] à jamais.

Ma détresse[7] n'est pas demeurée inaperçue, puisqu'un homme s'est approché de moi et m'a demandé en anglais, avec un accent français, s'il pouvait m'aider. Je lui ai répondu en français, qui est la seule langue d'Amérique du Nord que je connaisse, mais aucune langue à cet instant n'avait d'utilité pour décrire un objet dont j'ignorais le nom, et lorsque je lui ai dit avec affolement[8] « non merci », il a interprété malheureusement ces mots comme une invitation à m'abandonner sur-le-champ[9], au lieu d'y voir une formule préliminaire[10] de politesse et un appel au secours.

Le secours ne viendrait plus de nulle part. J'ai fait quelques pas dans n'importe quelle direction, et moi qui ne sais pas nager, grand-mère, je me suis enfoncée[11] dans cette mer solide et insondable[12] jusqu'à ce qu'elle se referme complètement sur moi. J'ai affronté[13] minutieusement[14] chacun

---

1 affluer: herbeiströmen
2 contourner qn: éviter qn en marchant
3 foncer: marcher très vite
4 l'angoisse *f.*: la peur
5 indéchiffrable: unentzifferbar
6 échapper à qn: jdm entfallen
7 la détresse: Not, Hilflosigkeit
8 l'affolement *m.*: Kopflosigkeit
9 sur-le-champs: tout de suite
10 préliminaire: qui précède et prépare à une chose plus importante
11 s'enfoncer dans qc: in etw. eintauchen
12 insondable: unergründlich
13 affronter qn/qc: jdm/etw. trotzen
14 minutieusement: sorgfältig

de ces objets sophistiqués, ouvragés[1] par des mains d'artistes ou de robots, j'ai interrogé un à un les morceaux de métal et de substance colorée pour tenter de[2] déceler[3] à quelle partie de la maison ou de l'existence ils pouvaient se rattacher[4]. À un certain moment, j'ai reconnu des couteaux. Il y en avait cent vingt-neuf, de formes et de dimensions différentes, et j'ai pensé avec terreur qu'il existait dans ce fabuleux pays cent vingt-neuf façons de découper[5], et que je n'en connaissais qu'une. Un peu plus loin, j'ai rencontré soixante-trois plats aux profondeurs variables dans lesquels je n'aurais su s'il fallait mettre du riz ou des clous[6]. Soudain, encore plus loin, j'ai vu des pelles[7]. Des pelles, grand-mère, des sœurs familières de celles que nos paysans enfonçaient dans la terre de l'autre côté du Huangpu, et je me suis précipitée[8] vers elles, car où il y avait des pelles il y aurait peut-être de la broche ou du bois pour mes fleurs, pour mes pauvres dahlias que le flot[9] des choses sans nom commençait à entraîner dans l'oubli.

Je n'ai pas trouvé de broche ou de bois, mais j'ai trouvé quarante-neuf sortes de pelles, et dix-huit sortes d'un gros outil[10] appelé *Weed Eater*, une chose démesurée[11] enveloppée dans du plastique et perchée[12] au-dessus des allées comme un roi aux pouvoirs[13] obscurs.

1 ouvragé/e: ausgearbeitet
2 tenter de faire qc: essayer de faire qc
3 déceler qc: découvrir, comprendre qc
4 se rattacher à qc: zu etw. gehören
5 découper qc: etw. schneiden
6 le clou: Nagel
7 la pelle: Schaufel
8 se précipiter vers qn/qc: sich auf jdn/etw. stürzen
9 le flot: Strom
10 l'outil *m.*: Werkzeug
11 démesuré/e: énorme
12 percher: hocken
13 le pouvoir: Herrschaft, Macht

C'est ainsi, grand-mère, que s'est déroulée mon initiation[1] à la vie montréalaise, cet automne presque lointain[2] où j'étais encore un arbuste[3] chinois fraîchement transplanté en Amérique du Nord.

↠ voir Sujets d'étude A, p. 49

5 Depuis, le Saint-Laurent m'est devenu aussi familier que le Huangpu et mes promenades dans la rue Saint-Denis ont l'aisance[4] de celles qui m'entraînaient dans le Bund[5] avec toi. Depuis, j'ai aussi compris à quel point Montréal était contenu[6] dans ce magasin qui m'a tant effrayée, ce magasin
10 aux utilités[7] et au superflu[8] confondus[9].

Le foisonnement[10], grand-mère, fait maintenant partie de mon environnement quotidien. Il existe ici tant de vêtements aux lignes et aux couleurs disparates[11], tant de lieux possibles où les acheter, tant de façons complexes de revê-
15 tir[12] une seconde peau qui transforme l'apparence, que j'ai cru longtemps que je n'arriverais jamais à choisir une jupe. Il existe tant de spectacles et de restaurants, tant de saveurs de glace[13] – mais pas de glace aux haricots[14] –, tant de voitures et d'objets à vendre et à regarder. Le foisonnement,

---

1 l'initiation *f.*: Einführung
2 lointain: entfernt
3 l'arbuste *m.*: Strauch
4 l'aisance *f.*: la familiarité
5 le Bund: promenade le long de la rivière Huangpu, assez appréciée touristes à Shanghai
6 contenir: enthalten/beinhalten
7 l'utilité *f.*: nützlicher Gegenstand
8 le superflu: Überfluss
9 confondu/e: zusammen genommen
10 le foisonnement: Vermehrung/Überfluss
11 les couleurs *f. pl.* disparates: qui ne vont pas bien ensemble
12 revêtir qc: mettre qc
13 la saveur de glace: Eissorte
14 le haricot: légume vert et long

maintenant, ne me fait plus peur, et le trop-plein et le vide fatalement[1] se rejoignent[2]. Il naît et il meurt constamment tant d'informations dans les journaux et à la télévision que je me sens parfois comme en Chine où aucune information ne circulait, ramenée à une disette[3] qui m'empêche de comprendre le monde.

Je ne dis plus : « non merci » pour signifier « oui s'il vous plaît ». Tout doit être exprimé avec force et clarté, ici, et les gestes et les mots suivent une ligne droite rapide qui exclut la poésie du non-dit. J'arrive maintenant à embrasser les amis québécois qui m'embrassent, puisqu'il n'y a que cette étreinte[4] excessive[5] pour les convaincre de ma réelle affection[6].

Dans ce magasin où un francophone s'est adressé à moi en anglais, il y avait aussi le reflet[7] de ce terrain mouvant[8] où se côtoient[9] les langues d'ici, le reflet de ce combat très courtois[10] que les francophones de Montréal rêvent de remporter[11] sans combattre[12]. Je parle mieux français chaque jour, mais chaque jour, je sens leur méfiance[13]. Je reste une ombre[14] légère en retrait. Ils sont les seuls à pouvoir se libé-

---

1 fatalement: zwangsläufig
2 se rejoindre: sich vereinen
3 la disette: Hungersnot
4 l'étreinte *f.*: l'embrassement *m.*
5 excessif/-ive: ausschweifend
6 l'affection *f.*: Zuneigung
7 le reflet: Spiegelbild
8 le terrain mouvant: *hier* das dünne Eis
9 se côtoyer: aneinander grenzen
10 courtois/e: aimable, poli/e
11 remporter qc: gagner qc
12 combattre qc: lutter contre qc
13 la méfiance: *contr. de* la confiance
14 l'ombre *f.*: Schatten

rer de leur méfiance, les seuls à pouvoir conquérir[1] le sol qui leur appartient déjà.

Je suis maintenant seule, grand-mère, comme un vrai être humain. Personne ne me dit où me diriger dans les allées des magasins et les sentiers[2] de la vie, personne ne pose sa main protectrice sur mon épaule pour approuver[3] ou nier[4] mes choix. Je vais, comme les clients de Canadian Tire, directement où je crois qu'il me faut aller, sans attendre de soutien[5], j'ai le pouvoir de traverser les étalages[6] surabondants[7] sans rien acheter. Ce n'est pas facile de comprendre tout à coup ce qu'est la liberté, la douloureuse et magnifique liberté.

Depuis, la Chine a changé elle aussi, je le lis parmi toutes les informations qui m'encerclent[8] ici. Je sais que les Chinois boivent de plus en plus de bière, ont de moins en moins de chiens, je sais que le désir d'argent a répandu[9] partout sa frénésie[10], jusque dans les couches les plus irréductibles[11] du parti[12]. Je sais que Shanghai s'agite[13] sous les grues[14] des constructeurs, dans le sillon[15] des périphériques[16]

---

1 conquérir qn/qc: jdm/etw. erobern
2 le sentier: le chemin
3 approuver qc: etw. befürworten
4 nier qc: etw. verneinen
5 le soutien: Unterstützung
6 l'étalage *m.*: Auslage (z.B. im Schaufenster)
7 surabondant/e: überreichlich
8 encercler qn/qc: entourer qn/qc
9 répandre qc: etw. verbreiten
10 la frénésie: Besessenheit
11 irréductible: qui ne peut pas être réduit
12 le parti: *ici* le parti communiste en Chine
13 s'agiter: bouger
14 la grue: Kran
15 le sillon: Furche
16 le périphérique: voie large et rapide autour d'une ville

côté du Huangpu les images qui naissaient sous tes yeux. Peut-être qu'un jour il n'y aura plus de différence entre être un Chinois et être un Nord-Américain.

Depuis, surtout, la vie s'est retirée[1] lentement de toi, grand-mère, et tu ne vois ni n'entends plus les mots que l'on projette autour de toi. Les mots entre nous n'ont jamais été nécessaires, et ceux-ci trouveront leur chemin pour t'atteindre[2]. Je veux te rassurer sur le sort[3] de ta petite, avant que Seigneur Nilou[4] ne t'attire[5] tout à fait dans son royaume. J'ai trouvé mon lieu, grand-mère, celui au centre de moi qui donne la solidité[6] pour avancer, j'ai trouvé mon milieu.

1 se retirer: sich zurückziehen
2 atteindre qn/qc: jdn/etw. erreichen
3 le sort: Schicksal
4 Seigneur Nilou: le roi dans le royaume des morts
5 attirer: gewinnen, anziehen, ansprechen
6 la solidité: Halt/Festigkeit

Sujets d'étude

A. Page 41, l. 1 – page 45, l. 4

1. Exposez brièvement le sujet de cette partie de la nouvelle.
2. Décrivez les expériences de la narratrice chez Canadian Tire.
3. Analysez l'état d'âme de la narratrice pendant son «initiation à la vie montréalaise» (p. 45, l. 2) en tenant compte aussi des procédés de style.

Après la lecture

1. Résumez la nouvelle.
2. Donnez un titre aux deux parties de la nouvelle.
3. Précisez en quoi consistent les difficultés que la protagoniste rencontre pendant son intégration dans la société canadienne. Tenez compte des différences entre Chinois et Nord-Américains dont elle parle (p. 48, l. 5 – l. 6).
4. Analysez l'importance des couleurs du titre pour le message de la nouvelle.
5. Commentez: «Jaune et Blanc» une histoire optimiste sur l'immigration?

Monique Proulx
Rose et blanc

à Marco Micone

Ne cherche pas la signature, il n'y en a pas. Tu ne pourras donner aucun visage, aucune enveloppe jetable[1] aux mots que je t'écris, et ainsi se déposeront[2]-ils un à un dans ton cœur, indélogeables[3] comme des parfums. Je suis une de tes élèves, Ugo Lagorio, et pour l'instant je ne suis que cela. Deux fois par semaine, tu m'enseignes la langue de nos ancêtres communs, et je l'apprends de la même façon que tu l'enseignes, sans nostalgie, comme on fourbit[4] des bijoux anciens qui n'ont pas l'occasion de servir. Deux fois par semaine, c'est bien peu et c'est assez pour raviver[5] sans relâche[6] la première véritable conviction[7] de mon existence : je suis la femme de ta vie, Ugo Lagorio, et nous n'y pouvons rien ni l'un ni l'autre.

Je te connais bien au-delà de ces alimentaires[8] leçons d'italien que tu livres[9] avec ferveur[10] bien qu'elles t'ennuient à mourir, je connais par cœur tous les livres que tu as écrits, même les essais les plus arides[11], je suis dissimulée[12] parmi

- 1 jetable: qu'on peut jeter à la poubelle
- 2 se déposer: sich ablagern
- 3 indélogeable: nicht zu vertreiben
- 4 fourbir qc: etw. polieren
- 5 raviver qc: etw. auffrischen
- 6 sans relâche: tout le temps
- 7 la conviction: Überzeugung
- 8 alimentaire: Nahrungs- *(+Nomen) hier* wenig interessant
- 9 livrer qc: etw. abliefern, abhalten
- 10 la ferveur: Inbrunst, Leidenschaft
- 11 aride: trocken
- 12 dissimuler qc: cacher qc

les maigres auditoires de toutes tes conférences. Ne commets pas l'erreur de te méprendre[1] sur mon compte[2], *professore,* je ne suis pas une groupie fanatique et idiote qui mouille[3] en buvant tes paroles. Je suis une jeune intelligence abasourdie[4] de se frotter[5] à une intelligence sœur, abasourdie de reconnaître dans toutes tes paroles des pensées qui sont miennes, et qui l'étaient avant que tu les exprimes.

Comme toi, j'en ai assez d'être une immigrante. Comme toi, je m'insurge[6] contre ceux qui se pelotonnent[7] dans l'état immigrant comme dans une maladie inguérissable[8]. Mes parents me parlent anglais depuis que je suis née, anglais et italien pour me garder immobile, cramponnée[9] à nos familles de Saint-Léonard et au rêve américain, mes parents me souhaiteraient agenouillée[10] jusqu'à ma mort devant les lampions d'un pays révolu[11]. Je suis née ici, je ne suis pas une immigrante, je veux occuper le territoire. Depuis que je sais que ce coin de terre est francophone, je refuse de m'extraire[12] de la majorité dominante, je refuse de stagner[13] dans les rangs des exclus, je refuse de parler anglais avec mes parents. La guerre a éclaté[14] depuis entre nous, ils

---

1 se méprendre sur qn/qc: sich in jdm/etw. täuschen
2 le compte: Rechnung, Konto
3 mouiller: feucht werden
4 abasourdi/e: benommen
5 se frotter: sich reiben
6 s'insurger contre qn/qc: gegen jdn/etw. rebellieren
7 se pélotonner: sich zusammenrollen
8 inguérissable: unheilbar
9 cramponner: festklammern
10 agenouiller: se mettre à genoux
11 révolu/e: passé/e depuis longtemps
12 s'extraire de qc: sich abgrenzen von etw.
13 stagner: s'arrêter, ne plus progresser
14 éclater: ausbrechen

m'injurient[1] avec les mêmes mots que notre communauté frileuse[2] te réserve à toi et à ta liberté séditieuse[3], *traitor racist traditrice,*[4] et je dois m'éloigner d'eux pour apprendre à livrer ce combat[5] ridicule, seule mais accompagnée de tes livres qui maintiennent[6] ferme[7] mon courage.

➥ *voir Sujets d'étude A, p.57*

J'écris moi aussi, Ugo Lagorio. Pour l'instant, ce ne sont que des brouillons[8] hésitants[9], qui se contentent de dénuder[10] peu à peu la langue pour en chercher la moelle[11], mais bientôt ce sera des romans, et je serai meilleure que les meilleurs écrivains d'ici, je serai plus francophone que les francophones de souche[12] et bien plus acharnée[13] qu'eux à dompter les mots jusqu'à ce qu'ils se roulent[14] à mes pieds.

Ce n'est pas l'arrogance qui me fait parler ainsi, ce sont les gènes batailleurs[15] du nouvel arrivant qui s'agitent[16] encore en moi, en nous, *professore,* car ni toi ni moi ne sommes encore tenus pour acquis[17] dans ce pays si vulnérable, tu le sais plus douloureusement que moi, combien de fois t'ai-je entendu publiquement commenter les raisons de ta migra-

---

1 injurier qn: jdn beschimpfen
2 frileux/-euse: zögerlich
3 séditieux/-euse: meuterisch, aufrührerisch
4 traditrice: *italien* pour la traîtresse
5 le combat: Kampf
6 maintenir qc: etw. aufrechterhalten
7 ferme: standhaft
8 le brouillon: Entwurf
9 hésitant/e: zaghaft
10 dénuder qc: etw. entblößen
11 la moelle: das Mark
12 la souche: Abstammung
13 acharné/e: hartnäckig
14 se rouler: kugeln
15 batailleur/-euse: streitsüchtig
16 s'agiter: sich rühren
17 l' acquis *m.*: *litt.* Errungenschaft

tion ici, combien de temps serons-nous donc appelés à justifier notre existence, combien de temps encore ?

Ce qui nous attend, toi et moi, c'est une perspective peut-être exaltante[1], après tout, celle de ne jamais nous fondre[2] dans l'homogénéité qui endort[3], celle d'être condamnés à sentir les aspérités[4] de nos morceaux intimes qui refusent de s'emboîter[5] complètement dans le puzzle.

Nous sommes des mutants, Ugo Lagorio.

Voilà le nom de ta couleur, de notre douleur.

Il y a des moments où surgit sans crier gare[6] ce que je suis bien forcée d'appeler mon « italianité », comme une bouffée de chaleur[7] que j'aurais envie de bouter[8] dehors à coups de pied[9]. Je ne sais pas ce que me veut ce fantôme irritant[10], moi qui ne suis jamais allée en Italie et qui ai toujours détesté les pâtes, je ne sais pas quelle partie de mon cerveau il continue de hanter[11], mais plus je nie son existence, plus il s'agrippe[12] et me fait mal.

Tu le vois bien, il n'y a qu'une mutante pour comprendre une douleur de mutant.

➻ *voir Sujets d'étude B, p.57*

Ce n'est pas que ta femme n'essaie pas de toutes ses forces, bien au contraire, ce n'est pas par manque d'intelligence ou de beauté qu'elle ne parvient pas à te connaître. Je l'ai vue

1 exaltant/e: begeisternd
2 fondre qc avec/dans qc: etw. mit etw. verschmelzen
3 endormir qn: jdn einschläfern
4 l'aspérité *f.*: Unebenheit
5 emboîter qc dans qc: etw. in etw. einfügen
6 sans crier gare: ohne Vorwarnung
7 la bouffée de chaleur: Hitzewallung
8 bouter qn/qc: jdn/etw. hinauswerfen
9 à bout de pied: mit einem Fußtritt
10 irritant/e: lästig
11 hanter qn: jdn quälen, jdm keine Ruhe lassen
12 s'agripper à qn/qc: sich an jdm/etw. festklammern

toi. Il faut te rendre à l'évidence[1], c'est une femme née ici et les femmes nées ici sont polaires et acides comme les pommes d'hiver, belles mais polaires et acides, tellement éloignées de ce fantôme joyeux qui chante en toi même si tu fais tout pour l'exorciser[2].

Je n'ai jamais aimé les pommes. Notre fruit à nous, ce sont les figues[3], ne ris pas, Ugo Lagorio, les figues qui fendent[4] au soleil et dont le jus est plus sucré que leur pâtisseries[5], nous n'y pouvons rien si nous avons la mémoire des figues dans le sang et un besoin de passion qui crève[6] de froid, mais qui survit.

Je suis certaine que tu ne fais plus l'amour avec elle.

L'amour.

Ugo, Ugo Lagorio, je répète ton nom et du feu se répand[7] dans mes entrailles[8], du feu gicle[9] de moi et illumine ce que je touche, frontières misères tensions bancs de neige fondent à distance et se muent[10] en lacs sacrés sur lesquels j'avance en dansant.

Voilà l'amour, celui que je t'offre et que je m'apprête[11] à te prendre, car je te prends, je t'arrache[12] à ta vie sans amour, je suis belle, ne t'inquiète pas, ton regard papillote[13] quand il m'isole à travers les quarante-cinq visages de ta classe

---

1 se rendre à l'évidence *f.*: sich eines Besseren belehren lassen
2 exorciser qn/qc: jdn/etw. bannen
3 la figue: Feige
4 fendre: rissig werden
5 les pâtisseries *f. pl.*: das Gebäck
6 crever de qc: *fam.* mourir de qc
7 se répandre: sich ausbreiten
8 les entrailles *f. pl.*: Eingeweide
9 gicler: herausströmen
10 se muer en qn/qc: sich in jdm/etw. verwandeln
11 s'apprêter à faire qc: sich anschicken etw. zu tun
12 arracher qn à qc: jdn einer Sache entreißen
13 papilloter: blinzeln/flackern

tellement je suis belle, et je ne suis pas vierge[1] et farouche[2] comme une Italienne, toutes mes portes sont ouvertes pour toi et ne se refermeront sur aucun guet-apens[3], tu seras avec moi en état de liberté dangereuse, je donnerai des ailes[4] à tes désirs les plus lourds. Mon père est né dans le même village que toi, ça ne peut pas être une coïncidence, mon père n'a rien à voir avec toi, ne pense pas que je cherche en toi mon père, je suis une femme de dix-huit ans orpheline du passé et québécoise, je suis une femme et je t'interdis de me trouver trop jeune. Il n'y a pas d'âge pour être jeune, d'ailleurs tu l'es beaucoup plus que moi, Ugo Lagorio.

Je glisserai cette lettre dans ton casier[5] sans qu'on m'aperçoive et j'attendrai un peu avant de te laisser me reconnaître, j'attendrai que les mots enfoncent[6] leur pieu[7] de velours et me préparent le chemin, je n'attendrai pas longtemps.

Nous ferons notre premier voyage ensemble ce printemps, nous irons n'importe où, dans le Grand Nord ou même en Italie, nous rendrons torrides[8] toutes les chambres d'hôtel.

Prends garde à toi, Ugo Lagorio, je m'en viens tuer la tiédeur[9] qui te tue.

➨ *voir Sujets d'étude C, p.57*

---

1 la vierge: Jungfrau
2 farouche: sauvage
3 le guet-apens: der Hinterhalt
4 l'aile *f.*: Flügel
5 le casier: Fach
6 enfoncer qc: etw. eindrücken/versenken
7 le pieu de velours: *litt.* Pfahl aus Samt
8 torride: très chaud
9 la tiédeur: Halbherzigkeit

Sujets d'étude

A. Page 51, l. 1 – page 53, l. 5

1. Exposez brièvement la raison pour laquelle la jeune femme écrit cette lettre.
2. Présentez en peu de mots le personnage qui écrit cette lettre et le destinataire de la lettre et faites ressortir les parallèles et les différences entre les deux.
3. Analysez le style, le ton et les procédés de style dont la narratrice se sert dans cette partie de la lettre et dites quel effet en résulte.
4. Précisez la crise/le conflit de la narratrice.
5. La jeune fille se dispute avec ses parents. Écrivez le dialogue et présentez-le.

B. Page 53, l. 6 – page 54, l. 19

1. Décrivez, comment la jeune femme veut lutter contre sa crise d'identité.
2. Expliquez les images que la narratrice utilise pour exprimer sa crise d'identité.

C. Page 54, l. 20 – page 56, l. 23

1. Donnez un titre à cette partie du texte.
2. Analysez le style de cette partie de la lettre et son effet.

Après la lecture

1. Dégagez la structure de la lettre et donnez un titre à chaque partie.
2. Caractérisez la narratrice en tenant compte de sa crise d'identité.
3. Analysez le titre de la nouvelle.
4. Un jour, l'étudiante révèle ses sentiments au professeur. Imaginez la situation et écrivez le dialogue entre les deux. Jouez-le devant la classe.
5. «Comme toi, j'en ai assez d'être une immigrante. Comme toi, je m'insurge contre ceux qui se pelotonnent dans l'état immigrant comme dans une maladie inguérissable.» (p. 52, l. 9–11). Discutez de la situation des jeunes immigrés de la deuxième génération en vous basant sur le texte et sur vos connaissances.

Monique Proulx
Noir et blanc

à Dany Laferrière

J'ai regardé ton film jusqu'à la fin, Malcolm X, même s'il est trop long et que le cinéma est une affaire de femmes. Tu m'as fait de la peine[1], frère. Ton histoire est déraisonnable[2].
5 Il n'y a que dans les quinze dernières minutes de ta vie que tu montres un peu de bon sens, quand tu vas en Égypte et que tu reviens à Chicago et que tu te fais poursuivre par des bandits noirs, je dis bien: NOIRS, frère, et que tu comprends soudain que l'homme blanc en général n'est
10 peut-être pas le plus sale[3] meurtrier[4] du monde et le plus grand mangeur de porc du monde comme tu n'arrêtais pas de le bramer[5] depuis le début, mais c'est trop tard et tu te fais flinguer[6], et j'ai bien envie de te dire que ça t'apprendra. Comment veux-tu que les jeunes cerveaux[7] imbéciles et
15 poreux[8] de mes enfants se souviennent de ces quinze minutes-là, alors que les trois heures douze minutes précédentes ne sont que des appels à égorger[9] les cochons blancs?

1 faire de la peine à qn: jdm Kummer bereiten
2 déraisonnable: unzumutbar, unvernünftig
3 sale: Drecks- (+ *Nomen*)
4 le meurtrier: personne qui tue une autre personne
5 bramer qc: fa*m*. crier
6 flinguer qn: fa*m*. tuer qn avec un revolver
7 le cerveau: organe dans la tête à l'aide duquel l'homme peut penser
8 poreux/-euse: avec des petits trous
9 égorger qn/qc: jdm/etw. die Kehle durchschneiden

Ils ne s'en souviennent pas, c'est ça que je te dis. Leur petite cervelle[1] molle[2] a retenu[3] les mauvaises choses de ta vie exprès pour m'emmerder[4], et ils m'emmerdent, vieux, tu ne peux pas savoir. D'abord, ils ont peint[5] des X partout dans leur chambre, en noir tellement noir que c'est imprimé[6] là jusqu'au Jugement dernier[7]. Tous les jours, mon fils Gégé me casse[8] les oreilles pour que je lui achète les mêmes grosses lunettes que toi et ce n'est pas pour te blesser, frère, mais ces lunettes sont certainement la chose la plus horrible qui puisse arriver au minois[9] d'un garçon de onze ans doué[10] par ailleurs d'une vue excellente. Ma fille Julie a décidé à huit ans et trois quarts que rien ne l'empêcherait de devenir musulmane comme toi, jusqu'à ce que sa mère lui explique qu'elle devrait s'envelopper des pieds à la tête comme une chenille[11] dans son cocon. Melissa est la plus vieille et la plus entêtée[12] de la tribu[13], avec déjà le foutu[14] caractère de sa mère, et je ne voudrais pas être le pauvre nègre qu'elle va harponner[15] par la culotte[16] dans quelques années. Grâce à toi, elle a découvert le mot «racisme» et elle l'aime énormément. Tout est devenu raciste dans sa tête, y compris

1 la cervelle: le cerveau
2 mou/molle: weich
3 retenir qc: etw. behalten
4 emmerder qn: *fam.* énerver qn
5 peindre qn/qc: jdn/etw. malen
6 imprimé: bedruckt
7 le Jugement dernier: das Jüngste Gericht
8 casser les oreilles *f. pl.* à qn avec qc: jdm mit etw. in den Ohren liegen
9 le minois: le visage
10 doué/e de qc: mit etw. versehen
11 la chenille: eine Raupe
12 entêté/e: dickköpfig
13 la tribu: *ici* la famille
14 foutu/e: *fam. ici* difficile
15 harponner qn: *fam.* jdn erwischen, schnappen
16 la culotte: Unterhose

moi quand je lui demande de rentrer plus tôt le samedi soir. Sa dernière lubie[1], c'est de coller dans un scrapbook[2] les coupures[3] de journaux qui montrent les horreurs racistes de l'Amérique, et d'empoisonner[4] mon seul café du matin en m'en lisant les extraits les plus saignants[5]. Un honnête homme qui besogne[6] quinze heures d'affilée[7] n'a pas besoin pour démarrer[8] sa journée de connaître les moindres[9] mornifles[10] que ses frères ont reçues sur la gueule, tu en conviendras[11], frère.

Mais là où je ne suis vraiment pas d'accord, là où les cheveux me défrisent[12] carrément[13] sur la tête, c'est quand sa mère, ma femme, Flore Saint-Dieu que tu es bien heureux de ne pas connaître, reprend les propos[14] hystériques des hystériques qui ont été excités[15] par toi et par l'histoire déraisonnable de ta vie et se met à voir du racisme même ici.

Ici, à Montréal. Soyons sérieux, vieux. Est-ce que je ne serais pas le premier informé s'il y avait du racisme à Montréal? Est-ce que je n'ai pas baladé dans tous les coins de la ville 58 456 personnes dont les trois quarts complètement blanches depuis que je fais du taxi à Montréal?

➙ *voir Sujets d'étude A, p. 67*

---

1. la lubie: Schrulle
2. le scrapbook: *englisch* Notizheft
3. la coupure: choses qu'on découpe dans un magazine
4. empoisonner qn/qc: jdn/etw. vergiften *hier* etw. verderben
5. saignant/e: blutig
6. besogner: *fam.* travailler dur
7. d'affilée: sans pause
8. démarrer qc: commencer qc
9. moindre: geringste
10. le mornifle: *fam.* la gifle
11. convenir de qc: etw. zugeben
12. défriser: *fam. ici.* contrarier
13. carrément: gerade heraus
14. les propos *m.pl.*: Äußerungen, Worte
15. excité/e: angeregt

Je ne dis pas que je n'ai jamais rencontré d'escrocs[1] ni reçu de petites gifles désagréables de la vie. Mais qui m'a arnaqué[2] de cinq cents dollars en me faisant payer deux fois ma cotisation[3] de chauffeur avant de s'enfuir avec son chèque de gérant[4] de la compagnie ? Ça me fait de la peine de te l'apprendre, frère, mais c'est un type originaire de Cité-Soleil[5] comme moi et qui s'appelle Magloire Charles pour ne rien te cacher, que la fourche[6] du diable le saisisse[7] un jour par les couilles[8] pour le faire rôtir[9]. Qui a presque violé[10] Flore Saint-Dieu – je sais que c'est difficile à croire – alors qu'elle se trouvait à l'apogée[11] de sa beauté disparue et au début de notre mariage? Bébé Préval, un Haïtien, vieux, un Caraïbo-Québécois, pour m'exprimer comme toi. Qui vient d'assassiner notre copain Nizafed au volant de son taxi pour une vingtaine de dollars misérables? Un jeune salaud du nom de Barry Bishop, aussi noir que ta première maîtresse était blanche, aïe[12].

Les faits parlent d'eux-mêmes, et l'homme est un loup[13] pour l'homme, qu'il soit noir, jaune, ou vert martien[14]. Ce n'est pas du goût[15] de Flore Saint-Dieu, qui transforme la réalité à sa manière juste pour le plaisir de me contredire.

1 l'escroc *m.*: Betrüger, Gauner
2 arnaquer qn: *fam.* jdn beschwindeln, betrügen
3 la cotisation de chauffeur: Fahrerlaubnis eines Taxifahrers
4 le gérant: Geschäftsführer
5 la Cité-Soleil: commune haïtienne, le plus grand bidonville de la capitale Port-au-Prince
6 la fourche: Gabel
7 saisir qn/qc: jdn/etw. erfassen
8 les couilles *f. pl. vulg.*: Eier, Sack
9 rôtir qc: etw. braten
10 violer qn: forcer qn à coucher avec lui
11 à l'apogée *m.* de qc: in der Blütezeit von etw.
12 aïe: Ausruf des Schmerzes
13 le loup: Wolf
14 martien/ne: qui vient de Mars
15 être au goût de qn: plaire à qn

Tu sais comment sont les femmes, frère, et à quelle distance elles recommencent à être charmantes, tu l'as su assez tôt pour te tenir loin de la tienne même si elle était plutôt mignonne.

Une fois, en sortant de l'école, notre fils Gégé s'est fait traiter de «p'tit christ de nègre!» et s'est fait casser le nez par un skinhead. Comment réagit alors une créature sensée[1] pour consoler[2] son enfant ? Est-ce qu'elle se précipite[3] à S.O.S Racisme[4] en poussant[5] des hurlements[6] de possédée[7], comme a évidemment fait sa mère ? Une créature sensée, si tu veux mon avis, vieux, éponge[8] le nez sanguinolent[9] de son fils et lui dit : « Fils, que ça te plaise ou non, cette vie est remplie[10] de violences, il est temps que tu apprennes à te défendre. » Une autre fois, Mélissa est venu ajouter au scrapbook de ses jérémiades[11] matinales le fait que les Blancs de son collège ne s'assoient jamais aux mêmes tables que les Haïtiens à la cafétéria – remarque bien, frère, que le contraire est tout aussi vrai et qu'une autre façon de dire les choses serait que les Haïtiens de son collège ne s'assoient jamais aux mêmes tables, etc., mais va donc expliquer ça à une adolescente enfiévrée[12] qui vient de regarder Malcolm X pour la troisième fois en oubliant

---

1 sensé/e: raisonnable
2 consoler qn: jdn trösten
3 se précipiter: *ici* contacter très rapidement
4 S.O.S Racisme: Association française crée en 1984 qui lutte contre les actes de discrimination raciale.
5 pousser qc: *hier* etw. ausstoßen
6 le hurlement *m.*: Gebrüll
7 possédé/e: besessen
8 éponger qc: etw. abwischen
9 sanguinolent/e: blutig
10 rempli de qc: plein de qc
11 la jérémiade: Klagelied
12 enfiévré/e: erhitzt, erregt

chaque fois les quinze dernières minutes décisives[1]. Bon. Un père sensé dépose[2]-t-il une plainte pour apartheid au ministère de l'Éducation ? La réponse va de soi, un père sensé, et doué d'un peu d'humour, continue de boire son unique café et soupire[3] que lui aussi donnerait n'importe qui, certains matins, pour ne pas être à côté de sa fille chérie et de son caractère de chien[4]. Une autre fois, dans l'autobus qui l'emmenait[5] à Outremont où elle fait des ménages pour des gens friqués[6], Flore s'est fait traiter de « guenon[7] » par une Blanche. Comment réagit un mari sensé lorsque sa femme lui rapporte[8] cet incident ? Il ne rit certainement pas devant elle, je peux maintenant te l'assurer, vieux, car c'est ce que j'ai fait et je sens encore sur ma joue[9] gauche la caresse cuisante[10] de ses doigts.

➥ *voir Sujets d'étude B, p. 67*

Il ne faut pas tout confondre[11], c'est ça que je te dis. Moi aussi, des tas de petits trucs me sont arrivés qu'il serait facile d'interpréter idiotement comme des effets du racisme au lieu d'y voir les effets de la surprise. La surprise, frère, est un grand déstabilisateur[12] de l'être humain. Prenons n'importe quel être humain, vieux, prenons toi : tu es là, avec tes deux bras et tes deux jambes, et tu attends quelqu'un que tu ne connais pas pour une réunion ou un de

1 décisif/-ive: important
2 déposer une plainte contre qn: gegen jdn Klage erheben
3 soupirer: seufzen
4 le caractère de chien: avoir un caractère difficile
5 emmener qn: jdn hinbringen
6 les gens friqués *m. pl.*: *fam.* les gens riches
7 la guenon: femelle du singe
8 rapporter qc à qn: jdm etw. berichten
9 la joue: Wange
10 cuisant/e: brennend
11 confondre qc: etw. durcheinander bringen
12 le déstabilisateur: Unsicherheitsfaktor

tes trucs musulmans, et c'est un cul-de-jatte[1] qui se présente devant toi : tu es surpris, tu vas peut-être aller jusqu'à le regarder de haut et risquer même une petite blague[2], rien de plus normal. Remplace le cul-de-jatte par quelqu'un d'une autre couleur, et tu as tout compris. Bien sûr, il y a ceux qui ne reviennent jamais de leur surprise, et il y a ceux qui s'aperçoivent[3] tout de suite après que tu es un honnête[4] homme comme eux qui fait honnêtement son boulot malgré les jambes en moins ou les cheveux orange ou frisés. Les honnêtes hommes, entre eux, savent toujours se reconnaître.

Je te le dis, frère, c'est à Montréal que tu aurais dû t'installer. Ici, tu aurais pu fréquenter[5] peinard[6] ta petite mosquée[7] tranquille et tu serais peut-être même devenu une star de la télévision. Regarde notre frère Dany, qui est un roi à Montréal. Notre frère Dany a le même âge que moi et que toi juste avant que tu fasses flinguer. Il a écrit ce livre, *Comment se fatiguer dans le noir avec un nègre* que je lirai très bientôt un jour, et les tapis rouges et les belles filles se sont allongés devant lui. Penses-tu que cela aurait été possible dans une ville balayée[8] par le souffle[9] blanc du racisme, comme le dit sottement[10] Flore Saint-Dieu? Notre frère Dany ne fait pas dans les courbettes[11], voilà pourquoi il est un roi. Chaque fois que je l'aperçois à la télévision, mon

---

1 le cul-de-jatte: Krüppel
2 la blague: petite histoire qui fait rire
3 s'apercevoir de qc: remarquer qc
4 honnête: ehrlich, aufrichtig
5 fréquenter qn: mit jdm verkehren
6 peinard/e: calme
7 la mosquée: Moschee
8 balayer: fegen, auskehren
9 le souffle: der Atem
10 sottement: bêtement
11 faire dans les courbettes f. pl.: ne pas être poli

cœur se gonfle[1] de fierté et d'émotion, et mes bras sentent le vent chaud de Port-au-Prince. Les autres, malgré leurs maquillages[2] de télévision, ressemblent auprès de lui à des subalternes[3] anémiques[4], car il transporte le soleil partout où il va, le soleil et le rire. Mwen renmen l'(Je l'aime).

Le rire, voilà surtout ce qui t'a fait défaut[5], mon pauvre vieux Malcolm. Dieu sait où tu serais aujourd'hui si un peu d'humour était venu alléger[6] ton regard sous tes grosses horribles lunettes. À Montréal, peut-être. Les deux pieds dans la neige au lieu de les avoir sous terre.

Dans la neige, frère, c'est vrai que la couleur devient importante. Quand la neige est brune, la vie est dégueulasse[7]. Mais quand la neige est blanche, Montréal a l'air d'une jeune mariée. Quand la neige est vraiment blanche, c'est là que c'est facile c'est là qu'on peut marcher en imaginant que c'est du sable, que la main de Flore Saint-Dieu dans la mienne est redevenue douce, que c'est du sable qui mène à la mer tiède[8] et parfumée.

➺ *voir Sujets d'étude C, p. 67*

---

1 se gonfler: anschwellen
2 le maquillage: Schminke
3 le subalterne: Untergebener
4 anémique: blutarm
5 faire défaut à qn: manquer à qn
6 alléger qc: etw. erleichtern, mildern
7 dégueulasse: ekelhaft
8 tiède: entre chaud et froid

Sujets d'étude

A. Page 59, l. 1 – page 61, l. 20

1. Présentez le narrateur et le sujet de son discours.
2. Décrivez la réaction de sa famille au film «Malcom X».
3. Analysez l'attitude du narrateur face à la réaction de sa famille.
4. «Tout est devenu raciste dans sa tête, y compris moi quand je lui demande de rentrer plus tôt le samedi soir.» *(p. 60, l. 20 – p. 61, l. 1)* Commentez cette idée de racisme.

B. Page 62, l. 1 – page 64, l. 14

1. Résumez les incidents de racisme dont le narrateur parle.
2. Examinez de plus près l'attitude du narrateur à l'égard de ces incidents.
3. Analysez le style du narrateur. Comment peut-on réaliser qu'il est bouleversé ou énervé?
4. Choisissez un des exemples de racisme donnés dans cette partie. Racontez et commentez-le comme si vous en étiez la victime (p.ex. sur un forum web).

C. Page 64, l. 15 – page 66, l. 16

1. Présentez «le frère Dany» et sa façon de réussir.
2. Analysez le symbolisme du noir et du blanc dans la dernière partie. Dans quelle mesure est-ce que le narrateur joue avec les couleurs?

Après la lecture

1. Formulez brièvement le message de cette nouvelle.
2. D'après le narrateur, qu'est-ce que c'est, le racisme? Expliquez.
3. Analysez l'atmosphère de la nouvelle. Dans quelle mesure est-ce que le langage du narrateur contribue à créer cette atmosphère?
4. Discutez de l'opinion du narrateur concernant Montréal en vous basant sur vos connaissances (de la population, du taux des immigrants à Montréal etc.). (cf. Annexe, p. 120)

Monique Proulx
Rouge et blanc

Je ne me suiciderai plus. Je te le dis à toi, Aataentsic[1], mère de l'humanité qui as fait la terre et qui prends soin[2] des âmes, je vivrai dorénavant[3] aussi longtemps que la vie acceptera de rester en moi, j'apprendrai à caresser ma haine[4]
5 et ma rage[5] jusqu'à ce qu'elles s'assoupissent[6] comme des souris inoffensives.

Déjà, moi qui ne parlais pas, j'ai trouvé les mots pour convaincre le médecin de me laisser sortir. Il suffisait de peu de mots, mais il fallait les choisir rapidement parmi
10 ceux qu'ils savent entendre ici. J'ai dit que je retournais à Kanahwake[7] où m'attendent les miens, j'ai dit qu'il existait chez moi des cercles guérisseurs[8] bien plus puissants que tous les antidépresseurs[9] de sa médecine. Et après, je me suis excusée de mon indélicatesse[10], en le regardant dans les
15 yeux comme ils le font ici avec tant d'impudeur[11]. Quand ce médecin aux cheveux blanchis[12] par autre chose que la

1 Aataentsic: In der Mythologie der nordamerikanischen Ureinwohner Tochter des Großen Geistes, die die ersten Menschen aus Schlamm formte
2 prendre soin de qn/qc: s'occuper de qn/qc
3 dorénavant: désormais (à partir de maintenant)
4 la haine: *contr. de* l'amour *m.*
5 la rage: la colère
6 s'assoupir: abklingen
7 Kanahwake: réserve de la tribu des Mohawk (dans leur langue: *Kanien'kehá:ka*)
8 le guérisseur: Medizinmann
9 l'antidépresseur *m.*: médicament contre la dépression
10 l'indélicatesse *f.*: Rücksichtslosigkeit
11 l'impudeur *f.*: Schamlosigkeit
12 blanchir: devenir blanc

médecin aux cheveux blanchis[1] par autre chose que la sagesse[2] m'a demandé finalement pourquoi j'avais voulu mourir, j'ai dit sans rire que j'avais eu un chagrin d'amour[3]. C'était la réponse et l'image qu'il espérait obtenir[4], l'image d'une jeune femme universelle malmenée[5] par l'amour plutôt que celle d'une sauvagesse[6] sans âge ravagée[7] par la haine.

Il a été si facilement vaincu que j'en ai éprouvé plus de gêne[8] que de fierté, moi qui croyais exaltantes les victoires pour n'en avoir connu aucune[9].

En sortant de l'hôpital, j'ai regardé le soleil qui brillait calmement, chaud et vivant malgré tout ce qu'il a vu. J'ai su pour la première fois que j'avais vingt-cinq ans et que la haine ne fait pas survivre.

↳ *voir Sujets d'étude A, p. 75*

Je ne retourne pas à Kanahwake. Je reste ici à Montréal, dans cette vieille Hochelaga[10] où vivaient mes ancêtres[11] blottis[12] aux flancs[13] de la montagne. Je choisis d'infiltrer[14] ceux qui n'en finissent plus de nous conquérir[15].

---

1 blanchir: devenir blanc
2 la sagesse: Weisheit
3 le chagrin d'amour: Liebeskummer
4 obtenir qc: recevoir qc
5 malmené/e: maltraité/e
6 la sauvagesse: → sauvage
7 ravagé/e: détruit/e
8 éprouver de la gêne: être gêné/e, avoir honte
9 […] pour n'en avoir connu aucune: dafür dass [i.S.v. obwohl] ich noch keine [Siege] gekannt habe
10 Hochelaga (Archipel d'Hochelaga): Der Hochelaga-Archipel ist eine Inselgruppe im Südwesten von Québec.
11 l'ancêtre *m./f.*: celui/celle qui a vécu avant nous
12 blotti/e: zusammengekauert
13 le flanc: le côté
14 infiltrer qn: jdn unterwandern
15 conquérir qn/qc: jdn/etw. erobern

Monique Proulx · Rouge et blanc

Je veux nous voir comme ils nous voient. Je veux mettre leurs yeux froids dans mes yeux pour regarder ce que nous sommes devenus, sans ciller[1] et sans m'effondrer[2].

Nous sommes devenus des clochards, ô Aataentsic notre mère. Nous sommes sans abri[3] dans nos réserves humiliantes[4], et l'esprit qui faisait notre force s'écoule[5] goutte à goutte[6] hors de nous, épuisé[7]. Nous sommes pauvres parmi les pauvres, attachés comme du bétail[8] mal aimé à des morceaux de roches[9] où il fait si soif que nous ne pouvons que boire. Nous mendions[10] en rougissant des casinos, des droits de contrebande[11], de l'argent, des matières desséchantes[12] qui tarissent[13] l'âme. Nos guerriers[14] sont devenus si faibles[15] qu'ils battent leurs femmes au lieu de mater[16] leurs peurs. Nous regardons la télévision pour voir souffrir nos frères éloignés à Davis Inlet, à Goose Bay, à Calgary[17], nous regardons la télévision pour rêver maintenant d'être des cow-

---

   1   sans ciller: sans montrer aucune réaction
   2   s'effondrer: zusammenbrechen/zusammensinken
   3   être sans abri: une personne sans abri vit dans la rue; elle n'a ni appartement ni maison
   4   humilier qn: jdn erniedrigen
   5   s'écouler: disparaître
   6   la goutte: Tropfen
   7   épuisé/e: très fatigué/e
   8   le bétail: les animaux d'une ferme
   9   la roche: Felsen
  10   mendier qc: etw. erbetteln
  11   les droits *m.pl.* de contrebande *f.*: Recht auf Schmuggel
  12   des matières desséchantes: des choses qui rendent sec
  13   tarir qc: épuiser qc
  14   le guerrier: homme qui fait la guerre
  15   faible: sans force
  16   mater qc: vaincre qc
  17   Davis Inlet, Goose Bay, Calgary: Davis Inlet est une ancienne commune des Indiens; Goose Bay est un centre de l'armée de l'air canadienne; Calgary: ville, aujourd'hui, centre des cow-boys et d'élevage bovin; autrefois pays des pieds-noirs avant l'arrivée des premiers colons

boys plutôt que des Indiens. Nous donnons partout le spectacle de l'humiliation dont on finit par mourir, mais si lentement que personne ne voit plus qu'il s'agit de mort.

Je veux voir avec leurs yeux comment ils arrivent à nous condamner au lieu de nous plaindre[1].

Il est vrai qu'ils sont les vainqueurs et que nous sommes ennemis. Nos voies parallèles ont été forcées de se rencontrer, et ni eux ni nous n'en serons jamais heureux. Nous sommes ennemis, comme l'eau versée[2] sur le feu qui brûle : c'est une pensée qui ne me quittera jamais, même quand je m'assoirai à leurs côtés dans leurs autobus et leur métro, quand j'achèterai leur viande et que je sourirai au moins endurcis[3] parmi eux.

Je veux goûter le salé[4] de leurs larmes, lorsqu'ils pleurent l'injustice qui leur échoit[5] depuis cent ans et oublient la nôtre qui dure depuis des siècles. Je veux écouter leurs tribunes téléphoniques à la radio et lire leurs journaux. Je veux absorber[6] tous leurs discours pour mesurer leur animosité[7] et leurs faiblesses. Je veux apprendre à parler vite et fort comme eux, en écrasant[8] d'avance les arguments de l'autre. Je veux les contempler, prisonniers du mirage[9] de leurs corps et leurs biens périssables[10], en train de planer[11] au-dessus du vide qui remplace leur âme.

---

1 plaindre qn: jdn bedauern
2 verser qc: etw. vergießen
3 endurcir qn: jdn abstumpfen, verhärten
4 le salé: qui a le goût du sel
5 échoir à qn: jdm zuteil werden
6 absorber qc: etw. aufnehmen
7 l'animosité f.: Feindseligkeit
8 écraser qc: détruire qc
9 le mirage: dans le désert, image qui n'existe pas vraiment mais qui apparait à cause de la chaleur
10 périssable: qui ne dure pas
11 planer: flotter

Monique Proulx · Rouge et blanc

Je veux comprendre pourquoi ils nous ont vaincus.

↪ *voir Sujets d'étude B, p. 75*

Quand je retournerai parmi les miens, j'aurai leur force en plus de la mienne, et je saurai peut-être cette fois-là regarder les enfants de Davis Inlet inhaler de la colle[1] sans me suicider.

Le temps est venu de revêtir[2] un cœur de guerrier, endurci par la pureté et la vigilance[3], armé de forces naturelles au lieu de choses qui tuent. Nous ne survivrons pas dans leurs sillons[4] qui défigurent[5] la terre, où chaque graine[6] semée[7] devient violence et égoïsme, nous ne survivrons pas sans retrouver notre voie. Ils font partie du plus grand combat de notre existence. Le plus grand combat de notre existence se tient à leurs côtés, dressé[8] comme un mur de granit contre lequel nos mains saignent[9] et se désespèrent. Jamais le danger n'a été aussi considérable, jamais dans notre longue survie[10] disputée au carcajou[11], à la famine, au froid intense, à des ennemis aux armes plus directes et sanguinaires[12]. Le temps est venu d'affronter[13] le temps lui-même, de nous adapter à la vie qui a changé de visage. Il n'y a pas d'autre endroit où fuir. Cette terre bruyante peuplée de créatures bavardes et ces forêts sans

---

1 la colle: Klebstoff
2 revêtir qc: reprendre qc
3 la vigilance: Wachsamkeit
4 le sillon: Spur
5 défigurer qc: etw. verunstalten
6 la graine: Saatkorn
7 semer qc: etw. sähen
8 dresser qc: etw. aufrichten
9 saigner: perdre du sang
10 la survie: le fait de survivre
11 le carcajou: un animal, aussi nommé le Gulo gulo, ressemble à un ours
12 sanguinaire: blutrünstig
13 affronter qc: etw. trotzen

arbres sont tout ce qui nous reste : il faut apprendre à y enfouir[1] de nouvelles racines[2] ou accepter de disparaître.

C'est pourquoi je te prie ce soir, Aataentsic notre mère sans visage en qui j'ai cessé longtemps de croire. Ce soir, ma prière te fait exister, et les larmes qui coulent[3] de mes yeux ne sont pas larmes de faiblesse mais de recommencement. J'ai suspendu[4] au-dessus de mon lit l'attrape-rêve mohawk légué[5] par mon père, fait de crânes d'ours[6] et de plume d'aigles[7] plus puissants que les somnifères[8]. Toutes les magies ne seront pas superflues[9] pour traverser sans cauchemar les nuits qui viennent. Mais il y a tant de jours entre les nuits, tant de jours à me tenir debout dans leur Montréal, à apprivoiser[10] la colère et à contourner les obstacles[11].

Aide-moi, ô Aataentsic à demeurer[12] un être humain.

➜ *voir Sujets d'étude C, p. 75*

---

1 enfouir qc: planter qc
2 la racine: Wurzel
3 couler: fließen, strömen
4 suspendre qc: afficher qc
5 léguer qc à qn: jdm etw. hinterlassen, vererben
6 le crâne d'ours: la tête d'ours
7 la plume d'aigle *m.*: Adlerfeder
8 le somnifère: médicament qu'on prend pour bien dormir
9 superflu/e: überflüssig
10 apprivoiser qc: etw. zähmen
11 contourner un obstacle: ein Hindernis umgehen
12 demeurer: rester

Sujets d'étude

A. Page 69, l. 1 – page 70, l. 14

1. Exposez brièvement la situation dont il est question dans le texte.
2. Présentez la protagoniste, sa situation, son caractère et ses sentiments et trouvez trois adjectifs qui caractérisent son état d'âme.
3. Expliquez pourquoi, d'après la jeune femme, on la laisse sortir de l'hôpital.

B. Page 70, l. 15 – page 73, l. 1

1. Expliquez pourquoi la jeune femme reste à Montréal.
2. «Je veux goûter le salé de leurs larmes, lorsqu'ils pleurent l'injustice qui leur échoit depuis cent ans et oublient la nôtre qui dure depuis des siècles.» (p. 72, l. 14 –16) Expliquez cette citation dans son contexte historique.

C. Page 73, l. 12 – page 74, l. 15

1. Expliquez pourquoi la jeune femme a été hospitalisée.
2. Précisez en quoi consiste la solution à la misère des Indiens d'après la jeune femme.

Après la lecture

1. Exposez brièvement le sujet du texte.
2. Caractérisez la jeune femme.
3. Expliquez le titre de la nouvelle.
4. Décrivez la vie des Indiens au Québec aujourd'hui à partir des éléments contenus dans le texte.
5. Examinez de plus près l'attitude de la jeune femme envers les Blancs. Par quels procédés stylistiques manifeste-t-elle son attitude?
6. Que pensez-vous de la solution à la misère des Indiens imaginée par la jeune femme? Justifiez votre réponse.
7. Après avoir passé quelques mois à Montréal, la jeune femme décide d'améliorer la situation des Indiens en prenant des initiatives. Écrivez la lettre officielle qu'elle adresse au maire de Montréal et dans laquelle elle parle de sa situation personnelle et de celle des Indiens à Montréal et dans la réserve de Kanahwake. Développez à sa place des idées pour améliorer les conditions de vie des Indiens et la cohabitation des différents groupes de la population.

Monique Proulx
Allô

La cabine téléphonique est dans une petite rue sans arbres, sans passants, sans rien pour distraire[1] le regard ou emprisonner[2] l'imagination. Quand il s'enferme là le lundi soir, avec son carnet d'adresses, il parvient à[3] oublier des quantités de choses déplaisantes[4], à commencer par sa propre existence.

Il téléphone. Il téléphone à des femmes qu'il ne connaît pas, ce qui limite passablement[5] les conversations et constitue[6], il faut bien l'admettre, un geste répréhensible[7] puni par la loi.

Il procède[8] toujours méthodiquement, car on n'arrive nulle part, autrement, dans la vie. Il choisit vingt-six noms de femmes dans l'annuaire[9], commençant par les vingt-six lettres de l'alphabet. C'est simple. Et ça favorise la diversité[10]. Il reconnaît les femmes à leurs prénoms- Julie, Carmelle, Zéphyrine… – ou à la puérile[11] habitude qu'elles ont de se camoufler[12] sous une lettre, comme si ça ne constituait pas en soi une signature sexuelle. Il n'est évidemment pas à

[1] distraire qn/qc: jdn/etw. ablenken
[2] emprisonner qn/qc: jdn/etw. gefangen nehmen
[3] parvenir à faire qc: arriver à faire qc
[4] déplaisant/e: qui ne plaît pas
[5] passablement: assez
[6] constituer qc: former qc
[7] répréhensible: strafbar
[8] procéder: vorgehen, verfahren
[9] l'annuaire *m*.: livre avec les numéros de téléphone
[10] la diversité: Vielfalt
[11] puéril/e: bête, enfantin/e
[12] se camoufler: se cacher

l'abri[1] des erreurs : il y a un M. Proulx, l'autre lundi soir, qui l'a laissé pantois[2] avec sa voix de brute[3] belliqueuse[4], et d'autre part, l'époque est difficile, nombre d'hommes se mêlent[5] de plus en plus de se prénommer[6] Dominique ou Laurence, pour brouiller les pistes[7]. Mais il s'agit de cas isolés, le vrai problème réside[8] ailleurs. Il a pris cruellement conscience, la dernière fois, que les Yanofsky, les Zajoman et les Winninger se faisaient rares, ce sont là de périlleuses[9] lettres, à vrai dire, tout juste bonnes à alimenter encore une dizaine de lundis, il lui faudra repenser sa méthode. Déjà, en farfouillant[10] dans ces W, X, Y, Z barbares, il est tombé sur des étrangères, Allemandes ou Polonaises, qui n'ont pas compris qu'il s'agissait d'un appel anonyme, et cela lui a tout à fait gâché le plaisir[11].

Quand il a arrêté son choix sur les vingt-six noms de femmes présumées[12] commençant par les vingt-six lettres de l'alphabet, il les copie dans son carnet parce que c'est plus intime, ainsi, et que ça tisse[13] subtilement des liens[14]. Il s'appuie[15] le dos contre la vitre de la cabine téléphonique, il pose devant lui vingt-six pièces de vingt-cinq cents, il tient

---

1 à l'abri de: *hier* vor etw. geschützt
2 laisser qn pantois: jdm die Sprache verschlagen
3 la brute: un animal sauvage
4 belliqueux/-euse: agressif/-ive
5 se mêler: sich mischen
6 se prénommer: mit Vornamen heißen
7 brouiller les pistes *f.pl.*: Spuren verwischen
8 résider: *ici* se trouver
9 perilleux/-euse: dangereux/-euse
10 farfouiller dans qc: in etw. durchwühlen/durchstöbern
11 gâcher le plaisir: jdm den Spaß/die Freude verderben
12 présumé/e: vermutlich
13 tisser qc: etw. verweben
14 le lien: Verknüpfung/Verbindung
15 s'appuyer sur qc: sich auf etw. stützen

à la main son carnet ouvert comme une sorte de drapeau blanc.

Il glisse une pièce de monnaie. Il compose les numéros. Il attend. Il ne dit rien. Il attend que les femmes parlent, voix d'inconnues éraillées[1] et délicates, troublées et agressives, flétries[2] et juvéniles[3], tant de voix différentes qui l'entraînent[4] sur-le-champ[5] dans d'incroyables périples[6] immobiles. Et pourtant, il n'a rien du détraqué[7] pervers, il en est sûr, il ne se branle[8] pas au téléphone, par exemple. Ce qu'il aime, c'est autre chose, c'est s'introduire subrepticement[9] dans leur existence à partir de presque rien, un timbre[10] de voix, deux trois syllabes et il peut tout imaginer, leur visage, leur environnement immédiat, leur état d'âme très précis, la façon dont elles se vêtent[11] et mangent et cajolent[12] leur chat.

Elles raccrochent[13] toujours trop vite, en ne disant rien, ou en lui hurlant[14] dans les oreilles, ou pire, en le menaçant d'une castration très douloureuse. Il ne voit pas en quoi il a mérité[15] ça.

Quand il a terminé ses vingt-six appels, il reste un moment les yeux fermés avant de composer l'ultime numéro,

---

- [1] éraillé/e: krächzend
- [2] flétri/e: welk/verblichen
- [3] juvenil/e: jeune
- [4] entraîner qn: jdn mitreißen
- [5] sur-le-champ: tout de suite, aussitôt
- [6] le périple: le voyage
- [7] détraqué/e: gestört
- [8] se branler: *vulg.* sich einen runterholen, onanieren
- [9] subrepticement: en secret
- [10] le timbre: *hier* Klang
- [11] se vêtir: s'habiller
- [12] cajoler qn: caresser qn
- [13] raccrocher: auflegen
- [14] hurler: crier fort
- [15] mériter qc: etw. verdienen

le même chaque lundi, qu'il connaît par cœur et qu'il n'a pas cherché dans l'annuaire.

Elle répond. Il ne parle pas, il est tendu[1] par l'angoissante[2] expectative[3]. Elle a sa belle voix rauque[4] qui s'impatiente[5] au bout du fil[6] : « Allô ! ALLÔ !... », et c'est le même déchirement[7], toujours, quand elle raccroche sans l'avoir reconnu, quand elle le rejette[8] brutalement dans le néant[9] duquel elle l'a à peine[10] tiré en le mettant au monde.

1 tendu/e: angespannt
2 angoissant/e: beängstigend
3 l'expectative *f.*: Erwartung
4 rauque: heiser/rauh
5 s'impatienter: ungeduldig werden
6 au bout du fil: am anderen Ende der Leitung
7 le déchirement: *ici* la douleur
8 rejeter qn: jdn zurückstoßen, abweisen
9 le néant: das Nichts
10 à peine: kaum

Sujets d'étude

Après la lecture

1. Indiquez le sujet du texte.
2. Expliquez le motif des appels téléphoniques.
3. Caractérisez le personnage principal.
   Jugez le personnage principal: un homme normal, pitoyable ou dangereux?
4. Un jour, la femme qu'il appelle toujours la dernière ne raccroche pas, mais, à la grande surprise du personnage principal, lui parle. Écrivez le dialogue au téléphone.

Monique Proulx
Les transports en commun

Elle a sauté entre les rails[1], dans un froissement[2] raide[3] de ciré[4]. Elle n'est pas tombée, c'est surprenant pour un grand corps aussi empêtré[5] que le sien. Et maintenant, elle se tient tranquille, son sac à main bien amarré[6] sur l'épaule. Elle fait comme les autres, elle attend le métro- mais pas pour y monter, très manifestement.

Ça se répand[7] comme une grippe intestinale[8] parmi les transportés de l'heure de pointe[9], la station Berri au grand complet se masse[10] près de la voie pour mieux reluquer[11] ça : ils se rendent compte, les gens, que c'est un drame qui est en train de s'embryonner[12] sous leurs yeux, et ça les laisse tout ébaudis[13], tout excités, ils n'ont pour la plupart jamais vu de suicidée pour de vrai, en chair[14] et en ciré comme je vous parle.

➻ *voir Sujets d'étude A, p. 88*

1 le rail: Gleis
2 le froissement: Rascheln, Knistern
3 raid/e: starr/hart/hölzern
4 le ciré: Regenkleidung, Ölzeug
5 empêtré/e: *hier* verkorkst, verfangen
6 amarré/e: verzurrt, fest geschlungen
7 se répandre: sich ausbreiten
8 la grippe intestinale: Magen-Darm-Grippe
9 l'heure f. de pointe f.: Hauptverkehrszeit
10 se masser: sich drängeln, versammeln
11 reluquer qn/qc: *fam.* nach jdm/etw. schielen, begehrliche Blicke auf jdn werfen
12 s'embryonner: commencer
13 ébaudi/e: *fam.* très étonné/e
14 la chair: Fleisch

Il y a Conrad parmi la foule, il est vendeur de souliers[1] chez Pegabo et un peu plus petit que la moyenne[2], ce qui le prive[3] du spectacle. Il comprend tout de suite que quelque chose d'insolite[4] se trame[5] et il s'approche, lui aussi, pour tenter d[6]'attraper des bribes[7] de l'aventure. Les gens marmottent[8] entre eux comme de vieilles connaissances, « c'est une désespérée » clame[9] devant Conrad un grand type qui voit tout et qui a beaucoup lu, probablement. À force de jouer des coudes[10], Conrad se faufile[11] au premier rang et il l'aperçoit. Elle a des lunettes, la trentaine un peu moche, éteinte[12] par l'ordinaire, et ce grand ciré noir qui lui fait une silhouette invraisemblable[13]. Elle tourne le dos à tout le monde, l'air d'affirmer que cette histoire ne la concerne en rien, elle s'achemine[14] lentement vers la gueule[15] sombre[16] du tunnel, d'où s'exhalent[17] déjà des grondements[18] de wagons en marche. À la regarder comme ça, tellement tranquille, on ne comprend pas, ce n'est pas le genre à avoir connu quoi que ce soit, d'ailleurs, et sans doute est-ce là

---

1 les souliers: les chaussures
2 la moyenne: Durchschnitt
3 priver qn de qc: jdn um etw. bringen; jdn einer Sache berauben
4 insolite: extraordinaire
5 se tramer: *ici* se passer
6 tenter de faire qc: essayer de faire qc
7 la bribe: Bruchstück/Brocken
8 marmotter: parler bas
9 clamer qc: crier qc
10 jouer des coudes: sich vordrängeln (die Ellenbogen gebrauchen)
11 se faufiler: sich durchschlängeln
12 éteint/e: erloschen
13 invraisemblable: unglaubwürdig
14 s'acheminer vers: → le chemin *ici* prendre le chemin de, aller vers
15 la gueule: *ici* l'entrée f.
16 sombre: dunkel
17 s'exhaler de qc: aus etw. dringen
18 le grondement: Rumpeln

une raison suffisante pour se tenir ainsi si résignée face à un métro homicide[1] qui s'avance.

Quelqu'un près de Conrad hurle[2] : « Il faut faire quelque chose! » et Conrad, avec un retard un peu abasourdi[3], se rend compte que c'est de lui qu'est sortie cette vocifération[4] farfelue[5]. Les autres autour marquent leur accord de principe par des hochements[6] de tête vaguement fatalistes[7], oui, certes, il faut faire quelque chose, mais quoi, que peut-on contre la mort et n'est-il pas déjà trop tard, le métro s'en vient[8], pauvre pauvre fille, pauvres enfants pauvres parents de cette pauvre fille. Le métro s'en vient, Conrad ne veut pas être celui qui agit[9], n'a jamais voulu, le métro s'en vient, son mugissement[10] de mécanique emballée[11] monte comme une fièvre, trop tard pour prévenir les contrôleurs là-haut, trop tard pour parlementer avec la fille et la convaincre- de quoi, au fait ? Madame, la vie vaut la peine[12], restez en vie, madame, si personne ne vous aime, moi je vous aimerai… Comment le croirait-elle, lui qui n'aime que les hommes ? Et tout à coup Conrad plonge[13] dans la fosse[14] sans réfléchir, il saute sur la fille, l'assomme[15] à moitié, il la lance telle[16] une

1 homicide: mörderisch
2 hurler: crier fort
3 abasourdi/e: benommen, betäubt
4 la vocifération: Gebrüll
5 farfelu/e: bizarre
6 le hochement de tête: Kopfnicken
7 fataliste: schicksalsgläubig
8 s'en venir: s'approcher
9 agir: handeln
10 le mugissement: Getöse
11 emballé/e: aufheulend
12 valoir la peine: sich lohnen
13 plonger: *ici* sauter
14 la fosse: *ici* les rails
15 assommer qn: jdn niederschlagen
16 tel/le: *ici* comme si elle était

botte[1] de foin[2] sur le quai et s'y projette lui-même, tant[3] l'émotion décuple[4] les forces.

Et soudain, surgie[5] d'on ne sait où, une équipe de télévision entière se dresse[6] devant Conrad, les projecteurs l'éblouissent[7], on le hisse[8] sur des épaules et on l'applaudit. La fille en ciré a enlevé ses lunettes et son ciré, elle est très belle comme dans les annonces d'esthéticienne Avant-Après, elle explique à Conrad qu'il s'agit d'un test télévisé en direct sur l'héroïsme ordinaire, c'est lui qui gagne, est-il content ? Conrad est interviewé au *Point* et à *Rencontres,* il fait la une[9] de toutes les presses du lendemain, Jean Chrétien[10] lui offre une cravate, le pape lui télécopie[11] des indulgences[12], il reçoit la légion d'honneur[13] et la croix de Saint-Jean-Baptiste[14].

Ça l'écœure[15], Conrad. Il a dû changer de job parce que les clientes le harcelaient[16]- c'est vous le héros, est-ce que je peux vous toucher ?... Maintenant, il ne prend plus le métro. Il marche. Et quand il se trouve arrêté à un feu rouge,

1   la botte: Bündel
2   le foin: Heu
3   tant: so sehr
4   décupler qc: etw. vervielfachen
5   surgir: auftauchen
6   se dresser: aufrichten
7   éblouir qn: jdn blenden
8   hisser qn/qc: jdn/etw. hieven, hochziehen
9   faire la une: être sur la première page
10 Jean Chrétien: kanadischer Premierminister (1993–2003) für die Liberale Partei Kanadas
11 télécopier qc: etw. faxen
12 les indulgences *f.pl.*: *hier* (kathol.) Ablässe
13 la légion d'honneur: französischer Verdienstorden
14 Saint-Jean Baptiste: zweiter Bischof von Québec; Gründer des Hôpital général de Québec (1653–1727)
15 écoeurer qn: jdn anekeln
16 harceler qn: jdn belästigen

à côté d'un aveugle[1] par exemple, il ne l'aide pas à traverser comme il l'aurait fait auparavant[2], non monsieur, il le bouscule un peu, en sourdine[3], pour qu'il se casse la gueule[4].

---

1   l'aveugle *m*.: personne qui ne voit pas
2   auparavant: avant
3   en sourdine: leise
4   se casser la gueule: *fam.* tomber

Sujets d'étude

A. Page 83, l. 1 – page 83, l. 14

1. Résumez en cinq phrases ce qui se passe à la station Berri à Montréal. Trouvez aussi un titre.
2. Imaginez les pensées qui viennent à l'esprit d'un/e passant/e et exprimez-les en écrivant un monologue intérieur.

Après la lecture

1. Résumez la nouvelle.
2. Faites le portrait de Conrad. Tenez aussi compte de son changement.
3. Analysez les techniques narratives de cette nouvelle et leurs effets sur le lecteur. Tenez compte de l'identité et de la position du narrateur, de la perspective narrative et du langage.
4. Quel est le visage de Montréal dans cette nouvelle? Décrivez comment la ville est présentée dans le texte.
5. Pesez le pour et le contre des actions comme le test télévisé.
6. Préparez et jouez l'interview télévisée avec Conrad.

Monique Proulx
Oui or no

C'est l'histoire d'une femme qui rencontre un homme sans le rencontrer vraiment. Il y a beaucoup d'histoires de femmes qui rencontrent des hommes sans les rencontrer vraiment, beaucoup trop je sais bien. Encore une autre, allons, une dernière pour la route.

C'est l'histoire aussi d'un petit pays confus encastré[1] dans un grand pays mou[2]. Le petit pays n'a pas de papiers officiels attestant qu'il est bien un pays. Il a toutes les autres choses qui font un pays, mais les papiers, ça, il n'a pas. Parfois, il s'assoupit[3] paisiblement dans le lit du grand pays mou en rêvant qu'il est chez lui. Parfois, il rêve que le grand pays mou l'enserre[4] et l'engloutit[5] dans ses draps marécageux[6] et il se réveille avant de disparaître.

➼ *voir Sujets d'étude A, p. 105*

La femme de l'histoire habite ce petit pays. Elle s'appelle Éliane. Elle vit depuis des années avec Philippe, qu'elle appelle affectueusement[7] Filippo pour des raisons oubliées. Lorsque l'histoire commence, elle est allongée[8] sur un sofa

---

1 encastrer qc: etw. einbetten
2 mou/molle: *contr. de* dur
3 s'assoupir: s'endormir
4 enserrer qc: entourer qc
5 engloutir qc: manger qc très vite
6 marécageux/-euse: moorig, sumpfig
7 affectueusement: tendrement
8 être allongé/e: liegen

tandis que Filippo pianote[1] sur la télécommande[2] du téléviseur. Elle regarde Filippo mais elle pense à Nick Rosenfeld, avec qui elle a couché la semaine dernière. C'est l'heure où la journée s'affaisse[3] sur elle-même, immatérielle et épuisée[4]. C'est l'heure aussi où le petit pays parle, à la télévision.

Il s'agit d'un moment historique, peut-être. Le petit pays se trouve dans une période de réveil et d'asphyxie[5], il réclame[6] un lit à lui pour fuir les étreintes[7] suffocantes[8]. Cela prend des papiers en règle, des chartes[9], des cartes, un diplôme certifiant[10] qu'il est bien un pays. Mais voilà. Les papiers ne sont pas gratuits, il faut les payer cher, il faut consentir[11] à des sacrifices. Alors le petit pays consulte[12] sa population, consulte, consulte. Il demande : « Nous permettez-vous d'acheter les papiers qui vont nous permettre d'être suffisamment en règle pour nous permettre d'avoir un lit à nous ? Oui ou non. » Quand tout le monde aura été consulté, il y aura encore une ultime consultation, puis tout le monde ira enfin dormir.

La semaine dernière aussi ils parlaient du petit pays, juste avant que la bouche de Nick Rosenfeld s'empare[13] de

---

1 pianoter: klimpern
2 la télécommande: petit appareil pour commander la télé à distance
3 s'affaisser: zusammenbrechen
4 épuisé/e: très fatigué/e
5 l'asphyxie f.: das Ersticken
6 réclamer qc: demander qc en insistant
7 l'étreinte f.: Umarmung, Umklammerung
8 suffocant/e: stickig
9 la charte: Satzung
10 certifier qc: attester qc
11 consentir à qc: accepter qc
12 consulter qn: jdn um Rat fragen
13 s'emparer de qc: sich einer Sache bemächtigen

ses doigts à elle et les dévore[1] de façon aussi audacieuse[2] que surprenante. Après, ils n'ont plus parlé de rien. De l'autre côté de la fenêtre, l'édifice[3] du *Toronto Star*[4] braquait[5] haut ses lettres lumineuses. Elle n'imaginait pas que la bouche de Nick Rosenfeld, si froide et intelligente, puisse se muer[6] en organe sexuel. Elle n'imaginait pas des mots de fièvre dans cette bouche en possession du discours. *(Oh Éliane. My dear. Oh you. You.)* Ce qu'on n'imagine pas et qui survient[7] quand même est un puissant[8] élixir.

Chaque soir, le petit pays résume à la télévision l'état des consultations. On peut suivre aussi tous les détails dans les journaux, mais la télévision donne un meilleur spectacle des passions vraies incendiant[9] les vrais visages. Et puis à la télévision il y a Philippe-Filippo. En différé[10], il fait des commentaires et pose des questions. Le Filippo à côté du sofa d'Éliane n'est pas tout à fait le Philippe de la télévision. Celui de la télévision reste souriant et imperturbable[11] peu importe ce qui déferle[12] autour de lui. Celui à côté d'Éliane s'emporte[13] et fulmine[14] et enterre[15] parfois le son de sa propre voix télévisuelle sous une émotion incontrôlable.

---

1 dévorer qc: manger qc de façon rapide
2 audacieux/-euse: courageux/-euse
3 l'édifice *m.*: le bâtiment
4 Toronto Star: journal canadien
5 braquer qc: etw. ausrichten
6 se muer en qn/qc: se transformer, se changer en qn/qc
7 survenir: se passer de façon inattendue
8 puissant/e: mächtig
9 incendier qc: enflammer qc
10 en différé: zeitversetzt
11 imperturbable: unerschütterlich
12 déferler: auflodern
13 s'emporter: se mettre en colère
14 fulminer: exploser
15 enterrer qn/qc: mettre qn/qc sous la terre *ici* faire disparaître

L'émotion est une huile frémissante[1] qui s'enflamme vite chez les habitants de ce petit pays. C'est peut-être la faute de leurs ancêtres[2] latins. Par exemple, tout à l'heure au téléphone, bien avant que Filippo arrive, l'émotion a dévasté[3] net[4] le souffle[5] d'Éliane. *(Hello, Éliane. It's Nick Rosenfeld. Is it a good time to call ?...).* Et cela s'est aggravé[6], durant les trente minutes qu'a duré l'appel, ni le souffle ni la capacité de former des phrases complètes ne sont revenus. La voix de Nick Rosenfeld se frayait[7] dans son oreille un chemin inéluctable,[8] chaude et assurée comme un pilier,[9] comme un organe sexuel. *(When are you coming back to Toronto ?)*

Le Philippe dans le téléviseur écoute posément[10] quelques concitoyens[11] du petit pays qui tergiversent[12], soupèsent[13], s'effraient[14]. Faut-il vraiment changer ? Un lit neuf ne sera-t-il pas trop dur, trop petit, trop grand ? Dormir seul n'est-il pas terrifiant[15]? Comment s'assurer[16] qu'on ne fera pas de cauchemars ? N'existe-t-il pas des façons moins draconiennes[17] d'échapper aux coups de pied et à

1 frémissant/e: siedend
2 l'ancêtre n. *m./f.*: ceui/celle qui a vécu avant nous
3 dévaster qc: etw. verwüsten
4 net/te: *ici* d'une manière brutale
5 le souffle: Atem
6 s'aggraver: devenir pire
7 se frayer qc: sich etw. bahnen
8 inéluctable: inévitable
9 le pilier: Pfeiler, Säule
10 posément: bien réfléchi
11 le concitoyen: Mitbürger
12 tergiverser: hésiter
13 soupeser qc: etw. abwägen
14 effrayer qn: jdm Angst machen
15 terrifiant/e: horrible
16 s'assurer de qc: sich einer Sache versichern
17 draconien/ne: très dur

l'asphyxie ? Pourquoi ne pas ramper[1] vers le rebord[2] du vieux matelas ? Pourquoi ne pas se gaver[3] de somnifères[4]? Le Filippo dans le salon près d'Éliane laisse exploser la colère si magistralement[5] absente de ses prestations[6] télévisuelles. « Écoute-les, dit-il à Éliane. Écoute parler leur dignité et leur grandeur. Moutons courageux, grince[7]-t-il. Voilà un emblème totémique à leur mesure[8], *Mouton courageux.*» Éliane partage les convictions de Filippo. Éliane ressemble à Filippo. À quel moment précis un couple s'éloigne-t-il de la passion pour s'acheminer[9] vers la ressemblance ?

Nick Rosenfeld et Éliane gravitent[10] à des années-lumière l'un de l'autre. Où se trouve maintenant l'espace qu'ils ont fiévreusement[11] occupé ensemble ? Quand elle entend de nouveau sa voix au téléphone, plusieurs jours plus tard, cet espace ressurgit[12] devant elle comme le seul territoire habitable. Elle ne voit plus l'écran de son ordinateur, les murs familiers qui abritent[13] son univers, elle ne sait plus où elle est, elle redevient un corps vaincu et transporté que Nick Rosenfeld fouille[14] opiniâtrement[15] du sexe et de la langue, cherchant avec voracité[16] quelque chose qu'il ne se

---

1 ramper: sich anschleichen
2 le rebord: Rand
3 se gaver de qc: manger beaucoup de qc
4 le somnifère: médicament qu'on prend pour mieux dormir
5 magistralement: meisterlich
6 la prestation: Leistung
7 grincer: knirschen
8 à leur mesure: ihnen gemäß
9 s'acheminer vers qc: sich auf etw. zu begeben
10 graviter autour de qn: um jdn sein
11 fiévreusement: fiebrig, unruhig
12 ressurgir: reparaître, revenir
13 abriter qn/qc: protéger qn/qc
14 fouiller qc: in etw. wühlen
15 opiniâtrement: hartnäckig, unnachgiebig
16 la voracité: Gier

retourner avec elle, le plus tôt possible, dans ce pays enflammé où n'existent ni frontière ni nationalité, où il fait si bon brûler, enfin dépossédés[1] du tiède[2] et de l'accessoire. *(Are we going to let this die ? When are you coming back to Toronto ?)*

Le petit pays, malgré lui, a fait une première victime. Pendant une séance[3] de consultation, un homme très ému[4] a avoué[5] qu'il participait pour la première fois à quelque chose d'important, puis il s'est écroulé[6], terrassé[7] par un infarctus. Filippo et Éliane en discutent, étendus[8] fraternellement[9] côte à côte. Les victimes ne choient[10] jamais là où on les appréhende[11]. Pour la première fois, Éliane est gênée par la chaleur du corps de Filippo. Pour la première fois, elle le sent en danger. Elle se serre contre lui pour le protéger de Nick Rosenfeld. Danger. *Jeopardy*[12]. Elle a longtemps cru que *Jeopardy* était une sorte de léopard, avant de regarder dans le dictionnaire.

Ils se parlent toujours dans sa langue à lui, même s'il dit comprendre sa langue à elle. La conversation est périlleuse[13], bien sûr, puisqu'elle doit naviguer entre l'écueil[14] de l'émotion et l'écueil des mots étrangers. Chaque fois qu'à l'autre bout du fil[15] Nick Rosenfeld raccroche, elle cherche et

---

1 déposséder qn de qc: jdn einer Sache entledigen
2 le tiède: *hier* Halbherzigkeit
3 la séance: Sendung
4 ému/e: bewegt
5 avouer qc: etw. gestehen
6 s'écrouler: zusammenbrechen
7 terrasser qn: jdn niederstrecken
8 étendu/e: ausgestreckt
9 fraternellement: comme des frères
10 choir: stehen
11 appréhender qn/qc: craindre qn/qc
12 jeopardy: *anglais pour* le danger
13 perilleux/-euse: dangereux/-euse
14 l'écueil *m.*: Klippe
15 le fil: Leitung

rilleuse[1], bien sûr, puisqu'elle doit naviguer entre l'écueil[2] de l'émotion et l'écueil des mots étrangers. Chaque fois qu'à l'autre bout du fil[3] Nick Rosenfeld raccroche, elle cherche et trouve trop tard dans le dictionnaire ce qu'il au-
5 rait fallu lui dire, elle prépare des phrases terriblement efficaces[4] qui s'évanouissent[5] au moment de les prononcer. *(Your accent is adorable.)* La conversation est périlleuse et inégale[6]. Quand enfin elle parvient[7], après de laborieux[8] entortillements[9], à lui exprimer le bouleversement[10] que lui
10 cause sa voix au téléphone et la frayeur[11] surtout que lui cause ce bouleversement, sa réponse à lui la foudroie[12]. *(Same here.)* Oh cette langue lapidaire qu'il a, cette langue en coups de poing[13]. Comment résister à une langue qui va droit au but et qui persiste[14] si longtemps dans la mémoire ?
15 *(Oh Éliane. My dear. Oh you. You.)*

Les attentes sont source de palpitations[15] et de souffrances, mais l'humanité n'a rien trouvé de mieux pour rester éveillée[16]. Le petit pays, par exemple, s'attend à ce que sa population accepte avec exaltation les sacrifices qui mè-
20 nent au lit neuf, s'attend à ce que le grand pays accueille[17]

---

1 perilleux/-euse: dangereux/-euse
2 l'écueil *m*.: Klippe
3 le fil: Leitung
4 efficace: wirksam
5 s'évanouir: perdre connaissance
6 inégal/e: ungleich
7 parvenir à faire qc: arriver à faire qc
8 laborieux/-euse: difficile
9 l'entortillement *m*.: Verwicklung
10 le bouleversement: Umwälzung, Umbruch, Erschütterung
11 la frayeur: Schrecken
12 foudroyer qn: on ne sait pas quoi dire
13 le coup de poing: Faustschlag
14 persister: continuer
15 la palpitation: quand le coeur bat très vite
16 éveillé/e: quand on ne dort pas
17 accueillir qn/qc: jn/etw. aufnehmen, empfangen

avec bienveillance[1] ses velléités[2] d'indépendance et lui prête même des oreillers[3]. Éliane s'attend à un bouleversement fondamental si elle obéit à la voix de sirène[4] de Nick Rosenfeld l'intimant[5] sans relâche[6] de revenir près de lui. *(Are we going to let this die ?)* Que se passera-t-il s'il dit « *I love you* », mots terrifiants[7] et cinématographiques qui débouchent[8] sur un abîme[9]? Que se passera-t-il s'il ne les dit pas ? Qu'arrivera-t-il au petit pays s'il ne parvient à convaincre personne ? Il faut cesser d'avoir peur. Il faut aller voir.

➻ *voir Sujets d'étude B, p.105*

Rien n'est plus rapide que de glisser du petit pays au grand, rien ne se fait plus machinalement[10]. On prend l'avion parmi des gens d'affaires aux mallettes[11] bourrées[12] de statistiques, et on atterrit[13] une heure et demie plus tard aux côtés de Nick Rosenfeld.

Éliane avait oublié que Nick Rosenfeld est grand et froid comme un paysage polaire. Ses yeux se dissimulent[14] sous des verres fumés[15]. Dans la voiture qui quitte l'aéroport, il conduit vite et il parle avec réserve. Éliane est figée[16] par

---

1 la bienveillance: Wohlwollen
2 la velléité: le désir
3 l'oreiller *m.*: objet sur lequel on met la tête quand on dort
4 la voix de sirène: la voix séduisante
5 intimer l'ordre à qn de faire qc: jdm den Befehl erteilen etw. zu tun
6 sans relâche: sans arrêt
7 terrifiant/e: horrible
8 déboucher dans/sur qc: in etw. einmünden
9 l'abîme *m.*: Abgrund
10 machinalement: comme une machine
11 la mallette: la petite valise
12 bourré/e de qc: plein/e de qc
13 atterrir: l'avion arrive en touchant le sol après le vol
14 se dissimuler: se cacher
15 les verres fumés: *ici* des lunettes
16 figé/e: immobile

l'effroi[1] jusqu'à ce que soudainement, à un feu rouge, Nick Rosenfeld s'empare de sa main et la broie[2] dans la sienne. Chez lui, presque tout de suite après, il la débarrasse[3] de son sac, de ses hésitations, de ses vêtements, et voilà que la magie recommence – sa bouche fraîche et avide[4] sur elle comme sur un Stradivarius[5], la musique ardente[6] de sa voix. *(Oh you. Éliane. Oh my dear. My love.)*

Ils font l'amour toute la journée, toute la soirée – huit fois de suite, s'émerveille[7] mentalement Éliane lorsqu'une accalmie[8] lui redonne la faculté[9] de compter. Ils expédient[10] rapidement le foie gras[11] et le Champagne apportés par Éliane : l'hédonisme[12] triomphant de Nick Rosenfeld est tout entier concentré ailleurs[13]. *(You're so sexy. You're so. Oh you.)* Tard dans la soirée, les jambes toujours emprisonnées par celles d'Éliane, il étire[14] le bras et il joue un moment avec la télécommande du téléviseur. Le monde habituel, un monde extraordinairement étrange tout à coup, envahit[15] l'écran devant eux : que font là tous ces gens habillés et anxieux[16], pourquoi discutent-ils douloureusement au lieu

---

1 l'effroi *m.*: l'horreur *f.*
2 broyer qc: serrer qc très fort
3 débarrasser qn de qc: jdm etw. abnehmen
4 avide: begierig
5 le Stradivarius: un violon de l'atelier de Stradivari
6 ardent/e: feurig
7 s'émerveiller: être étonné/e et ravi/e
8 l'accalmie *f.*: la pause
9 la faculté: *ici* la possibilité
10 expédier qc: finir vite qc
11 le fois gras: Gänseleberpastete
12 un hédonisme: Hedonismus ist eine philosophische Lehre aus der Antike, der gemäß das höchste ethische Prinzip das Streben nach Sinnenlust und Genuss ist.
13 ailleurs: anderweitig, anderswo
14 étirer qc: etw. strecken
15 envahir qc: *ici* occuper qc
16 anxieux/-euse: besorgt

de se caresser ? Éliane se dresse[1] sur un coude[2] quand elle reconnaît Filippo. Le petit pays parle, en différé. Vu d'ici, entre des draps étrangers mouillés par le plaisir, le petit pays semble si triste et pathétique[3]. Le visage de Filippo est celui d'un chevalier[4] fourbu[5] en quête[6] du Saint-Graal qui se dérobe[7] sans cesse. D'ici, entre des draps froissés[8] que ne glace[9] aucune peur, on peut voir à quel point la quête du petit pays est une épreuve. Comment abréger[10] cette épreuve, comment éviter qu'elle revienne inlassablement[11] ? Oh la détresse[12] si apparente du petit pays, qui voudrait tant être fort et sûr de lui, qui souhaiterait tellement ne plus craindre de disparaître. Éliane demande à Nick Rosenfeld d'éteindre[13] le téléviseur.

Nick Rosenfeld est en proie[14] à une mystérieuse alternance[15]. Debout, il devient raide et prisonnier de phrases compassées[16]. *(We get along so well. I am sure we will be friends.)* Allongé, il brûle comme un volcan aux laves inépuisables[17]. *(Oh Éliane. Oh lovely. Oh you. You.)* Toutes ces heures où ils s'étendent[18] l'un dans l'autre sont

1 se dresser sur qc: sich stützen auf etw.
2 le coude: Ellenbogen
3 pathétique: bewegend
4 le chevalier: Ritter
5 fourbu/e: épuisé/e
6 en quête de qc: à la recherche de qc
7 se dérober: échapper
8 froissé/e: zerknittert
9 glacer qc: etw. erstarren lassen
10 abréger qc: rendre qc bref
11 inlassablement: unverdrossen
12 la détresse: le malheur
13 éteindre qc: *contr d'* allumer qc
14 être en proie à qn/qc: jdm/etw. ausgeliefert sein
15 l'alternance *f.*: Wechselspiel
16 compassé/e: steif
17 inépuisable: unerschöpflich
18 s'étendre: s'allonger

terriblement explosives. Mais comme il faut bien se lever pour se rendre quelque part, c'est le Nick Rosenfeld vertical et glacial[1] qui reconduit Éliane à l'aéroport. Par quelles blessures, quels trous invisibles perd-il si soudainement sa chaleur ? Mieux vaut ne pas s'acharner[2] sur des questions sans réponses. Mieux vaut prendre un journal dans l'avion pour fuir[3] l'inexplicable. L'inexplicable se trouve aussi dans les journaux de l'avion. Il est écrit, dans ces journaux de l'avion. Il est écrit, dans ces journaux de l'avion édités par le grand pays, que le petit pays n'est pas un pays. Il est écrit que le petit pays n'a rien de distinctif, rien à préserver, rien à exiger[4]. S'il change de lit, on lui rendra le sommeil impossible. Pourquoi le petit pays, composé de tout ce qui forme un pays, n'est-il pas un pays ? Les journalistes du grand pays ne le disent pas. Encore une question abandonnée sans réponse, encore de l'inexplicable difficile à fuir.

➻ *voir Sujets d'étude C, p. 105*

La chose à faire en revenant serait de retourner à l'ordinateur et aux murs familiers comme si rien ne s'était passé. Rien ne s'est passé peut-être, puisque Filippo ne sent aucune odeur nouvelle sur Éliane. Les odeurs sont dissimulées à l'intérieur, en compagnie de la voix horizontale et fiévreuse de Nick Rosenfeld, et cette entité[5] clandestine trépigne[6] et gronde[7] à la recherche d'air.

---

1 glacial/e: → la glace *ici* très froid
2 s'archarner sur qc: sich an etw. festbeißen
3 fuir qc: etw. entfliehen
4 exiger qc: demander qc avec insistance
5 l'entité *f.*: Einheit
6 trépigner: trampeln
7 gronder: donnern, grollen

Peut-on être amoureuse du souvenir d'une voix et d'une bouche, obsédée[1] par ce qu'on sait n'être qu'un mirage qui nous laissera plus assoiffée[2] qu'avant si on s'obstine[3] à le revisiter ? Il semble que oui. Éliane connaît les parties froides de Nick Rosenfeld et l'exiguïté[4] de leur territoire commun. Elle constate[5] aussi que l'affrontement[6] de leurs corps a banni[7] celui de leurs intelligences : depuis cette fois-là où la bouche de Nick Rosenfeld a rompu[8] en elle une digue[9], il n'a plus été question de grand et de petit pays entre eux, il n'a plus été question de rien de raisonnable ou de professionnel. Pourtant, elle souhaite reconstituer un tout à partir des parties torrides[10] de Nick Rosenfeld, comme si ses parties froides n'avaient pas déjà remporté[11] la bataille[12]. Nick Rosenfeld l'a rejetée[13], puisqu'il ne rappelle pas.

C'est de rejet que l'on meurt le plus douloureusement. Il y a des moments devant le téléviseur où Filippo et Éliane ne parlent pas. Lorsqu'ils entendent les témoignages[14] de gens venus d'ailleurs, installés ici depuis longtemps, et qui nient[15] toujours l'existence du petit pays dans lequel ils nichent[16]

1 obsédé/e: besessen
2 assoiffé/e: → la soif
3 s'obstiner à faire qc: darauf bestehen, etw. zu tun
4 l'exiguïté *f.*: Kleinheit
5 constater qc: etw. feststellen
6 l'affrontement *m.*: Konfrontation
7 bannir qn/qc: jdn/etw. ausschließen
8 rompre qc: etw. brechen
9 la digue: Damm
10 torride: très chaud
11 remporter qc: gagner qc
12 la bataille: Schlacht
13 rejeter qn: jdn ablehnen, zurückweisen
14 le témoignage: Zeugenaussage
15 nier qc: dire non à qc
16 nicher: habiter

confortablement, Filippo et Éliane sont étreints[1] par une douleur qui leur écrase les mots dans la bouche. Les mots n'existent pas pour condamner ces gens venus d'ailleurs, aux bonnes têtes sympathiques, qui rejettent, de leurs hôtes[2], le droit à la survie. Filippo et Éliane ont travaillé collectivement si fort pour se mettre dans la peau des autres qu'ils comprennent même les motifs complexes de ce rejet. Mais la douleur reste là, accablante[3] : comment supporter[4] que les autres, à leur tour, ne se glissent jamais dans leur peau à eux ?

Éliane décide d'écrire à Nick Rosenfeld. Elle veut savoir quelle était cette chose essentielle exigeant sous *we going to let this die ?)* et qui s'est terminée là avant qu'elle la voie éclore[5]. Ce n'est pas facile à formuler. Il faut se battre encore une fois sur son terrain à lui, palper[6] sous tous leurs angles les mots étrangers pour en pressurer[7] l'âme. Éliane traduit mentalement dans la langue de Nick Rosenfeld tout ce qu'elle entend, en manière d'exercice. *Pass me the butter. Give me a break. Do you agree with the law voted by the National Assembly and proclaming a new bed Yes or No.* Elle traduit les consultations télédiffusées[8] en différé le soir. Parfois, elle n'a pas besoin de traduire, parce que les interventions sont déjà dans sa langue à lui : par exemple, celles des chefs de nations anciennes, drapés[9] dignement dans leur propre extinction[10] tragique, qui viennent

---

1 étreindre: umklammern
2 l'hôte *m.*: Gastgeber
3 accablant/e: niederschmetternd
4 supporter qc: etw. ertragen
5 éclorer: aufkeimen
6 palper qc: etw. befühlen, betasten
7 pressurer qc: etw. auspressen, aussaugen
8 télédiffusé/e: émissions qui se regardent à la télévision
9 drapé/e: umhüllt
10 l'extinction *f.*: Auslöschen, Aussterben

s'opposer à la survie du petit pays. Il ne reste alors que Filippo à traduire, les questions imperturbables de Filippo: « *What do you mean when you say that we are not a nation ?* » Mais traduire mentalement Filippo est une expérience difficile, qui la laisse terriblement honteuse[1]. C'est à ce moment-là qu'elle sent qu'elle le trahit[2] vraiment, qu'elle le trahit beaucoup plus qu'avec Nick Rosenfeld.

Finalement, Éliane n'a pas besoin d'écrire à Nick Rosenfeld, parce que la réponse à sa question informulable surgit[3] tout à coup de partout. Elle n'a qu'à prononcer son nom, sur un ton vaguement détaché[4] : une ébahissante[5] quantité de gens autour d'elle connaissent Nick Rosenfeld, ou plutôt connaissent une quantité de femmes ayant partagé les fièvres horizontales de Nick Rosenfeld. Il semble que toute femme bougeant à portée[6] du regard froid de Nick Rosenfeld se soit retrouvée incendiée[7] dans son lit, dans un emportement[8] fugace[9] ayant peu à voir avec elle.

On comprend tout des gens, des nations, quand on comprend la nature de leur quête. La quête de Nick Rosenfeld est onirique[10] et abstraite. Elle va bien au-delà d'Éliane, bien au-delà des femmes réelles. Les femmes réelles servent de tremplins[11] vers le rêve. La quête de Nick Rosenfeld exige qu'il s'étende aussitôt en elles les yeux fermés pour mieux s'évader[12] d'elles. Éliane comprend, maintenant. Le plus dif-

1 honteux/-euse: beschämt
2 trahir qn: jdn verraten, betrügen
3 surgir: apparaître
4 détaché/e: losgelöst
5 ébahissant/e: étonnant/e
6 à portée: in Reichweite
7 incendié/e: entflammt
8 l'emportement *m.: hier* Hingabe
9 fugace: vergänglich
10 onirique: comme un rêve
11 le tremplin: Sprungbrett
12 s'évader de qc: einer Sache entfliehen

ficile est de comprendre que la petite musique bouleversante de Nick Rosenfeld ne lui était pas personnellement destinée. *(Oh Éliane. Oh Carole. Oh Teresa. My love. Oh you.)*

La quête du petit pays, elle, a une destination réelle, bien que longtemps repoussée[1]. Voici qu'après tous ces préliminaires[2], l'heure de l'affronter est arrivée. L'Ultime Consultation survient, parmi les citoyens du petit pays abasourdis[3] par l'insomnie. Où iront-ils enfin dormir ?

Filippo et Éliane sont dans le téléviseur lorsque le verdict[4] tombe. Ils participent à une émission spéciale sur l'Ultime Consultation. Comme les autres invités, ils font des commentaires mesurés et choisissent les mots les moins contondants[5] pour réagir posément à la situation. Ce n'est que beaucoup plus tard, sur le sofa du salon, que l'émotion les engloutit[6] dans les bras l'un de l'autre.

C'est un chagrin[7] aigu[8], une si violente déception qu'elle pourrait déboucher sur de la haine. Oui, la haine serait facile et peut-être consolante[9]. Éliane et Filippo sont tentés par la haine envers leurs concitoyens, envers ces parties d'eux-mêmes devenues froussardes[10] par peur d'être fanatiques. Moutons courageux. Puis, la haine s'estompe[11], car elle n'apaise[12] rien. La moitié des gens du petit pays a peur de vivre dans un lit inconnu. L'autre moitié a peur de

---

1 repoussé/e: verdrängt
2 les préliminaires *m. pl.*: das Vorspiel (sex.)
3 abasourdi/e: benommen, betäubt
4 le verdict: Rechtsspruch
5 contondant/e: stumpf
6 engloutir: versenken
7 un chagrin: une tristesse
8 aigu/ë: spitz
9 consoler qn: jdn trösten
10 froussard/e: peureux/-euse
11 s'estomper: vergehen
12 apaiser qn/qc: jdn/etw. beruhigen

mourir dans le vieux lit connu. Comment savoir laquelle de ces deux peurs est la plus digne ?

➙ *voir Sujets d'étude D, p. 106*

Doit-on voir une relation métaphorique entre la déception amoureuse d'Éliane et la déception idéologique du petit pays ? Pour ma part, je m'en méfierais[1] comme de tout ce qui est trop facile. Certes, Nick Rosenfeld appartient au grand pays dont Éliane craint l'étreinte suffocante. Mais la vie est remplie[2] de hasards circonstanciels[3], et une femme n'est pas un pays, aussi petit soit-il.

C'est malgré tout de Nick Rosenfeld que vient la fin de l'histoire. Il téléphone à Éliane, le lendemain de l'Ultime Consultation. *(Hello, Eliane. It's Nick Rosenfeld.)* Et pendant qu'elle ne parle pas, raidie[4] par la méfiance[5], il dit ces quelques mots, les plus tendres qu'elle ait entendus dans sa langue, il ne répète que ces quelques mots d'apaisement[6] véritable. *(I'm sorry. I'm sorry.)*

---

1 se méfier de qn/qc: jdm/etw. misstrauen
2 être rempli/e de qc: être plein/e de qc
3 circonstanciel/le: Umstands- *(+ Nomen)*
4 raidir: anspannen
5 la méfiance: *contr. de* la confiance
6 l'apaisement *m*.: Beruhigung

Sujets d'étude

A. Page 89, l. 1 – page 89, l. 13

1. Analysez les deux paragraphes et comparez-les. De quoi pourrait parler la nouvelle? Formulez des hypothèses.

B. Page 89, l. 14 – page 96, l. 10

1. Décrivez le problème d'Eliane.
2. a) Travaillez en groupe.
    Groupe A: Faites le portrait de Philippe-Filippo.
    Groupe B: Faites le portrait de Nick.
    Tenez compte aussi de leur comportement et de leur relation avec Eliane.
   b) Formez des groupes mixtes (A et B). Comparez les protagonistes. Présentez vos résultats en formant un arrêt sur image.
3. Dégagez le rôle que joue la langue pour Nick et Eliane ainsi que pour le Québec et le Canada.
4. Écrivez la suite de la nouvelle en dix phrases.

C. Page 96, l. 11 – page 99, l. 17

1. Donnez un titre à cette partie de la nouvelle.
2. Complétez le portrait de Nick.
3. Éliane se trouve dans l'avion en retournant au Québec. Écrivez son monologue intérieur.
4. Pourquoi le petit pays, composé de tout ce qui forme un pays, n'est-il pas un pays? Cherchez et formulez une réponse.

D. Page 99, l. 18 – page 104, l. 2

1. Indiquez brièvement les deux sujets de cette partie.
2. Trouvez quatre mots-clés dans cette partie et expliquez-les.
3. «Comment savoir laquelle de ces deux peurs est la plus digne?» (p. 104, l. 1–2) Commentez cette citation.

Après la lecture

1. Résumez la nouvelle.
2. Établissez un rapport entre les deux amants et les deux pays.
3. Expliquez le titre de la nouvelle par rapport au contenu historique. (cf. Annexe, p. 110 et faites aussi des recherches.)
4. Analysez comment le narrateur génère un effet d'alternance auprès du lecteur en tenant compte de la perspective narrative, de la structure de l'histoire, du contenu et des procédés de style.
5. «Doit-on voir une relation métaphorique entre la déception amoureuse d'Éliane et la déception idéologique du petit pays? [...] Certes, Nick Rosenfeld appartient au grand pays dont Éliane craint l'étreinte suffocante. Mais la vie est remplie de hasards circonstanciels, et une femme n'est pas un pays, aussi petit soit-il.» (p. 104, l. 3–9) Expliquez d'abord ce qu'est une relation métaphorique. Puis commentez la phrase.

Monique Proulx
Ça

C'est couché[1] sur le trottoir. On dirait une sculpture. Off-off-ex-post-moderne. On s'approche. Ça pue[2] quand on s'approche, ça pue et ça remue[3], diable ! Ça a des yeux. Ça tient un grand sac vert qui déborde[4] de choses. On veut voir
5 ce qu'il y a dans le sac. Ça jappe[5] un peu quand on arrache[6] le sac, heureusement ça ne mord[7] pas. On ouvre le sac. Déboulent[8] silencieusement jusqu'à la ruelle une bouteille de caribou[9] vide, de l'argent Canadian Tire[10], un chandail[11] de hockey troué[12], une carte périmée[13] de la STCUM[14], un
10 morceau de stade olympique, un lambeau[15] de société distincte[16], et une vieille photo, une photo de ça quand c'était humain et petit et que ça rêvait de devenir astronaute.

- **1** être couché/e: être allongé/e
- **2** puer: sentir très mauvais
- **3** remuer: bouger
- **4** déborder qc: etw. überlaufen, übervoll sein
- **5** japper: bruit d'un chien
- **6** arracher qc: an etw ziehen, rupfen, reißen
- **7** mordre qn/qc: jdn/etw. beißen
- **8** débouler: herunterkullern
- **9** le caribou: animal sauvage qui ressemble au cerf *ici* boisson alcoolisée avec du vin rouge et du rhum
- **10** l'argent *m*. Canadian Tire: de l'argent qu'on peut utiliser pour payer chez Canadian Tire, grand magasin, sans valeur en dehors du magasin
- **11** le chandail: le pullover
- **12** troué/e: avec des trous
- **13** périmé/e: qui n'est plus valable
- **14** STCUM: la Société de Transport de Montréal (öffentliche Nahverkehrsgesellschaft)
- **15** le lambeau: Fetzen, Lumpen
- **16** distinct/e: gehoben

Sujets d'étude

1. Dites à qui ou bien à quoi les pronoms «ça» et «on» se réfèrent.
2. Faites un dessin ou un collage de la scène et décrivez-le.
3. Analysez le style et le langage de la nouvelle. Quel effet ont-ils sur le lecteur?
4. Inventez l'histoire de la personne couchée sur le trottoir: Comment s'appelle-t-elle? Quel âge a-t-elle? Quelle vie mène-t-elle? D'où vient-elle? Quelle était sa vie auparavant? Qu'est-ce qui s'est passé?
5. Quel est le visage de Montréal dans cette nouvelle? Décrivez comment la ville est présentée dans le texte.

Annexe

Repères chronologiques

1534	Jacques Cartier débarque[1] sur les rives du Saint-Laurent.
1608	Samuel de Champlain fonde la ville de Québec.
1663	La Nouvelle-France est une province française.
1759	Les Français sont battus par les Anglais sur les plaines d'Abraham aux portes de la ville.
1763	La Nouvelle-France est cédée[2] à l'Angleterre par la signature du traité de Paris.
1774	Avec l' «Acte de Québec», l'Angleterre garantit au Québec le maintien[3] de la religion, de la langue et de la culture françaises.
1848	Le français devient langue officielle du Québec.
1969	Le gouvernement fédéral de Pierre E. Trudeau adopte la loi des langues officielles qui donne au Canada deux langues officielles: l'anglais et le français.
1977	La Charte de la langue française, appelée la loi 101, fait du français la seule langue officielle de l'État québécois. La loi est adoptée[4] à l'Assemblée nationale du Québec par le gouvernement de René Lévesque.
1980	Le Québec a rejeté par référendum le projet de «souveraineté-association».
1985	Les Libéraux sont élus et les accords prévoient que le Québec obtienne le statut de «Société distincte» en échange de son adhésion[5] à la Constitution canadienne.
1995	Le référendum sur la souveraineté du Québec est rejeté.
2008	400ème anniversaire de la fondation du Québec.

1 débarquer: landen
2 céder qc: etw. abtreten
3 le maintien: Aufrechterhaltung
4 adopter qc: etw. verabschieden
5 l'adhésion f.: Zustimmung

Le drapeau québécois

Sujet d'étude

1. Allez sur le site *http://www.drapeau.gouv.qc.ca/ drapeau/images/images.html* (01.07.2010). Décrivez le drapeau et interprétez-le. Renseignez-vous aussi sur ses origines.

Lynda Lemay
Bleu

Dans mon pays, y a un printemps plus beau que n'importe quel autre
Dans mon pays, cordes[1] au vent, il y a tout plein d'enfants qui sautent
Y a des hivers plus longs que les étés sont verts
Dans mon pays, les étés meurent dans des montagnes de couleurs

Dans mon pays, y a du soleil qui se regarde dans la glace
Dans mon pays, y a des merveilles[2] de patinoires sur les lacs
Y a de l'espace[3], assez pour s'y perdre toujours
Dans mon pays, au bout de[4] chaque appel à l'aide, y a du secours

Dans mon pays, y a des familles qui éclatent[5] par-ci par-là[6]
Dans mon pays, quand les yeux brillent[7], ça veut pas dire que c'est de joie
Dans mon pays, y a pas de guerre et puis y a pas d'bombardements
Mais mon pays, c' quand même sur Terre, pis bon[8], la Terre, c' pas l' firmament

---

1 la corde: Seil
2 la merveille: Wunder
3 l'espace *m.*: Raum
4 au bout de: à la fin de
5 éclater: kaputt gehen
6 par-ci par-là: hier und da
7 briller: glänzen, leuchten
8 pis bon: puis bon

Dans mon pays, y a l'horizon qui est juste un peu
        plus long qu'ailleurs
Dans mon pays, y a d' la passion et plein
        d' chanteuses et plein d' chanteurs
5 On est tous riches de ne pas se prendre au sérieux
Dans mon pays, sur un qui triche, y a mille bons
        cœurs respectueux

Dans mon pays, y a un drapeau qui ne s'arrête pas de
        fleurir[1]
10 On est si bleus, on est si beaux que nul ne peut nous
        faire rougir
On voit si grand que l'Univers est notre Dieu
Dans mon pays, c'est important qu' le bout du monde
        soit heureux

15 Dans mon pays, y a des maisons où, comme ailleurs,
        y a d' la chamaille[2]
Dans mon pays, y a des poupons[3] nés dans la peur et
        sur la paille[4]
Dans mon pays, y a d' l'injustice mais faut s' rappeler
20   qu'y en a bien peu
Parce que mon pays, sur la liste des pays, c'est le plus
        bleu, le plus bleu

Dans mon pays, on parle français avec des perles
        d'anglicismes
Dans mon pays, c'est vrai, l'anglais déferle[5] en nous
        avec délice[6]

---

1 fleurir: blühen
2 la chamaille: la dispute
3 le poupon: le bébé
4 la paille: Stroh
5 déferler: überrollen
6 le délice: Hochgefühl

Y a qu'à s' parler pour se comprendre, c'est logique
De mon pays, on peut voler jusqu'en Irlande ou en Afrique

De mon pays, j'ai dû sortir pour réaliser à quel point
Ben, mon pays, c'est mon avenir, c'est mon début et c'est ma fin
Dans mon pays, on a des rêves parfois trop gros, jamais trop bleus
Dans mon pays, bien sûr, on crève parfois trop tôt, jamais trop vieux

Dans mon pays, l'érable pleure un petit sirop savoureux
Y a des valeurs bien implantées par nos aïeux[1]
Les noms qu'on signe dans mon pays, on les souligne de trois bisous
Un peu comme aux États-Unis, mais les p'tites croix sont bien d' chez nous

Si vous venez dans mon pays
Vous en ressortirez tout bleu
Et puis malgré c' que Madame dit
Nous, d' la visite, ben on en veut !

Pour un instant, j'ai oublié mon nom
Moi, mes souliers[2] ont beaucoup voyagé (2x)
Je reviendrai à Montréal (2x)
Chanter comme une bête pour me garder vivante
C'est toi que j'aime

---

[1] l'aïeul *m.*: Ahne
[2] le soulier: la chaussure

Chanter à tue-tête[1] c' que j'avais dans l' ventre
Et les crapauds chantent la liberté
Mon pays, ce n'est pas un pays c'est l'hiver
Mon pays, ce n'est pas un pays
5 Pour un instant, j'ai oublié mon nom
C't' à mon tour d'ouvrir la maison chez nous
Liberté
Aimons-nous quand même
Gens du pays, c'est votre tour de vous laisser parler
10   d'amour (2x)
J'aurais voulu être un artiste
C'est toi que j'aime
La vie en rose, je n'ai pas besoin de grand chose
Aimons-nous quand même
15 J'aurais voulu être un artiste
Chanter à tue-tête c' que j'avais dans l' ventre
Chanter comme une bête pour me garder vivante

Album : Allô, c'est moi – *2008*

Sujets d'étude

1. Recherchez la signification de la couleur bleue et expliquez les références à cette couleur dans la chanson.
2. Décrivez le Québec dans la chanson: Quels sont les traits caractéristiques du paysage et des habitants selon Lynda Lemay?
3. Analysez l'attitude de la chanteuse envers son pays d'origine.
4. Comparez la description du Québec dans «Bleu» aux contes et nouvelles de l'anthologie.

---

1 chanter à tue-tête: aus vollem Halse singen

Impressions du Québec

Montréal vue de la Biosphère sur l'île Sainte-Hélène, ancien pavillon des États-Unis lors de l'Exposition universelle de Montréal en 1967

Hôtel de ville de Montréal

Cartes du Canada

© *Cornelsen, 2010*

ANNEXE **119**

© *Cornelsen, 2010*

L'immigration au Québec

Immigrants selon le pays de naissance, Québec, 2005–2009					
Rang	Pays de naissance	Immigrants		Pays de naissance	Immigrants	
		n	%		n	%
	2005–2009	227 881	100,0	2009	49 489	100,0
1	Algérie	20 215	8,9	Algérie	5 072	10,2
2	France	17 950	7,9	Maroc	4 871	9,8
3	Maroc	17 823	7,8	France	4 069	8,2
4	Chine	13 898	6,1	Chine	2 554	5,2
5	Colombie	11 661	5,1	Colombie	2 257	4,6
6	Liban	8 957	3,9	Haïti	1 732	3,5
7	Roumanie	8 300	3,6	Philippines	1 710	3,5
8	Haïti	7 993	3,5	Liban	1 632	3,3
9	Philippines	5 858	2,6	Mexique	1 156	2,3
10	Mexique	5 740	2,5	Iran	1 108	2,2
11	Inde	5 192	2,3	Moldavie	1 086	2,2
12	Pérou	4 265	1,9	Tunisie	1 010	2,0
13	Iran	4 212	1,8	Pérou	1 009	2,0
14	Tunisie	4 172	1,8	Cameroun	986	2,0
15	États-Unis	4 043	1,8	Égypte	923	1,9
	Autres pays	87 602	38,4	Autres pays	18 314	37,0

Note : Les totaux ne sont pas les mêmes que ceux de Statistique Canada.

© *Ministère de l'Immigration et des Communautés culturelles, 4 mai 2010*
http://www.stat.gouv.qc.ca/donstat/societe/demographie/ migrt_poplt_imigr/603.htm

Sujets d'étude

1. Lisez et commentez cette statistique.
2. Quel lien pouvez-vous établir entre cette statistique et les nouvelles de l'Anthologie?

Linda Lemay
Les maudits[1] Français

Y parlent avec des mots précis
Puis y prononcent toutes leurs syllabes
À tout bout d'champ, y s'donnent des bis
Y passent leurs grandes journées à table

5 Y ont des menus qu'on comprend pas
Y boivent du vin comme si c'était d'l'eau
Y mangent du pain pis du foie gras
En trouvant l'moyen d'pas être gros

Y font des manifs aux quart d'heure
10 À tous les maudits coins d'rue
Tous les taxis ont des chauffeurs
Qui roulent en fous, qui collent au cul

Et quand y parlent de venir chez nous
C'est pour l'hiver ou les indiens
15 Les longues promenades en Ski-doo[2]
Ou encore en traîneau à chiens[3]

Ils ont des tasses minuscules
Et des immenses cendriers
Y font du vrai café d'adulte
20 Ils avalent ça en deux gorgées[4]

---

1 maudit/e: verflucht
2 le ski-doo: Motorschlitten
3 le traîneau à chiens: Hundeschlitten
4 la gorgée: Schluck

On trouve leurs gros bergers allemands[1]
Et leurs petits caniches[2] chéris
Sur les planchers[3] des restaurants
Des épiceries, des pharmacies

Y disent qu'y dînent quand y soupent[4]   5
Et y est deux heures quand y déjeunent
Au petit matin, ça sent l'yaourt
Y connaissent pas les œufs-bacon

En fin d'soirée, c'est plus chocroute[5]
Magret d'canard[6] ou escargots   10
Tout s'déroule bien jusqu'à c'qu'on goûte
À leur putain de tête de veau[7]

Un bout d'paupière[8], un bout d'gencive[9]
Un bout d'oreille, un bout d'museau[10]
Pour des papilles gustatives[11]   15
De québécois, c'est un peu trop

Puis, y nous prennent pour un martien
Quand on commande un verre de lait
Ou quand on demande : la salle de bain
Est à quelle place, S.V.P ?   20

1   le berger allemand: deutscher Schäferhund
2   le caniche: Pudel
3   le plancher: Fußboden
4   souper: manger tard le soir
5   la choucroute: Sauerkraut
6   le magret de canard: Entenbrust
7   la tête de veau: spécialité de la cuisine française
8   la paupière: Lid
9   la gencive: Zahnfleisch
10 le museau: *fam.* le visage
11 les papille gustatives: Gaumenfreuden

Et quand ils arrivent chez nous
Y s'prennent une tuque[1] et un Kanuk[2]
Se mettent à chercher des igloos
Finissent dans une cabane à sucre[3]
5 Y tombent en amour sur le coup
Avec nos forêts et nos lacs
Et y s'mettent à parler comme nous
Apprennent à dire : Tabarnak[4]

Et bien saoulés[5] au caribou[6]
10 À la Molson[7] et au gros gin
Y s'extasient[8] sur nos ragoûts[9]
D'pattes de cochon[10] et nos plats d'binnes[11]

Vu qu'on n'a pas d'fromages qui puent
Y s'accommodent[12] d'un vieux cheddar
15 Et y se plaignent pas trop non plus
De notre petit café bâtard[13]

---

1. la tuque: Wollmütze
2. Kanuk : à l'origine utilisé par les Américains pour parler des Canadiens d'origine française; aujourd'hui: aussi label d'une marque de mode
3. la cabane à sucre: Hütte, in der Ahornsirup gekocht wird, für Familienfeste genutzt
4. Tabarnak: gros mot québécois
5. saoulé/e: après avoir bu trop d'alcool, on est saoul ou ivre
6. le caribou: boisson alcoolisée
7. Molson: nom d'une bière montréalaise
8. s'extasier sur qc: manifester une grande joie, une grande admiration pour qc
9. la ragoût: Eintopf
10. le pattes de cochon: plat québécois traditionnel
11. le plat de binnes: plat de fèves au lard, recette traditionnelle québécoise
12. s'accommoder de qc: sich mit etw. abfinden
13. bâtard: Bastard

Quand leur séjour tire à sa fin
Ils ont compris qu'ils ont plus l'droit
De nous appeler les Canadiens
Alors que l'on est québécois
Y disent au revoir, les yeux tout trempés[1] 5
L'sirop d'érable plein les bagages
On réalise qu'on leur ressemble
On leur souhaite bon voyage

On est rendu[2] qu'on donne des becs[3]
Comme si on l'avait toujours fait 10
Y a comme un trou dans le Québec
Quand partent les maudits Français

Album : Du coq à l'âme – 2000

Sujets d'étude

1. Faites une liste des caractéristiques françaises et québécoises qui se trouvent dans la chanson.
2. Quelle attitude la chanteuse a-t-elle envers les Français?
3. Interprétez les deux dernières strophes et leur message par rapport aux relations franco-québécoises.

---

1 trempé/e: *ici* plein de larmes
2 on est rendu: *ici* on se rend compte
3 le bec: *fam.* mot québécois pour le baiser

La Charte de la langue française

La Charte de la langue française (appelée la loi 101) est une loi définissant les droits linguistiques de tous les citoyens du Québec et faisant du français, la langue de la majorité, la seule langue officielle de l'État québécois. La loi est adoptée[1] à l'Assemblée nationale du Québec le 26 août 1977. Avant cette date, le Québec était la seule province du Canada à pratiquer le bilinguisme anglais-français au niveau institutionnel.

Le titre I de la loi, qui contient neuf chapitres, déclare le français langue officielle de la législation, de la justice, de l'administration, des organismes parapublics[2], du travail, du commerce et des affaires et de l'enseignement.

Le chapitre II définit cinq droits linguistiques fondamentaux des Québécois:

1. Le droit de chaque personne que toutes les branches du gouvernement, les ordres professionnels[3], les associations d'employés et les entreprises établis au Québec communiquent avec elle en français.
2. Le droit de chaque personne de parler français dans les assemblées délibérantes[4].
3. Le droit des travailleurs d'exercer leurs activités en français.
4. Le droit des consommateurs d'être informés et servis en français.
5. Le droit des personnes admissibles[5] à l'enseignement au Québec de recevoir leur enseignement en français.

© *wikipédia*, 2009

---

1. adopter qc: etw. verabschieden
2. parapublic: halböffentlich
3. l'ordre professionnel *m.*: Berufsverband
4. délibérant/e: beschlussfassend
5. admissible: zugelassen

Sujets d'étude

1. Présentez les points essentiels de la Charte de la langue française.
2. Discutez: Ces règlements, sont-ils exagérés?
3. Une «Charte de la langue allemande» – une bonne idée? Commentez.

Répartition des langues maternelles au Québec

Population: langue maternelle		Unité	2001	2006
Le Québec:	français	%	80,9	79,0
	anglais	%	7,8	7,7
	langue non-officielle	%	10,0	11,9
	plus d'une langue	%	1,4	1,3
Montréal:	français	%	67,3	64,9
	anglais	%	12,1	11,9
	langue non-officielle	%	18,5	21,2
	plus d'une langue	%	2,1	2,1

© *Gouvernement du Québec, Institut de la statistique du Québec, 2008*

Sujets d'étude

1. Commentez cette statistique.
2. Quel lien pouvez-vous établir entre ces statistiques et les nouvelles de l'anthologie?

Monique Proulx, écrivain et scénariste, est née le 17 janvier 1952 à Québec. Après un baccalauréat en littérature et théâtre, elle devient animatrice de théâtre puis professeur de français et agent d'information avant de se consacrer (à partir de 1980) à l'écriture de son premier livre *Sans cœur et sans reproche*. Elle écrit ensuite plusieurs nouvelles et romans qui lui valent de nombreux prix. Native de Québec elle quitte sa ville en 1984 pour s'installer à Montréal.

C'est en 1996 que paraissent *Les Aurores montréales*, son quatrième ouvrage, dont sont tirées toutes les nouvelles de la seconde partie de ce présent recueil. Dans ce livre elle fait un bilan de sa propre vie et des douze années écoulées depuis son départ de Québec et dresse le portrait de Montréal en multipliant les points de vue. Tantôt jeune sudaméricain *(Gris et blanc)*, tantôt chinois *(Jaune et blanc)* ou d'origine italienne *(Rose et blanc)*, haïtienne *(Noir et blanc)* ou indienne *(Rouge et blanc)*, les migrants livrent au lecteur des images différentes de cette ville. À travers ces regards de migrants Monique Proulx se livre également à une analyse de la société occidentale supposée civilisée.